ANDREA VIZZINI

BELLEZZA SENZA CONFINI

**Come Scoprire la Bellezza in Ogni Cosa
ed Esprimere e Realizzare
il Meglio di Sé Stessi**

Titolo

"BELLEZZA SENZA CONFINI"

Autore

Andrea Vizzini

Editore

Bruno Editore

Sito internet

http://www.brunoeditore.it

Tutti i diritti sono riservati a norma di legge. Nessuna parte di questo libro può essere riprodotta con alcun mezzo senza l'autorizzazione scritta dell'Autore e dell'Editore. È espressamente vietato trasmettere ad altri il presente libro, né in formato cartaceo né elettronico, né per denaro né a titolo gratuito. Le strategie riportate in questo libro sono frutto di anni di studi e specializzazioni, quindi non è garantito il raggiungimento dei medesimi risultati di crescita personale o professionale. Il lettore si assume piena responsabilità delle proprie scelte, consapevole dei rischi connessi a qualsiasi forma di esercizio. Il libro ha esclusivamente scopo formativo.

Sommario

Introduzione — pag. 5

Prologo — pag. 9

Cap. 1: Il vero concetto di bellezza — pag. 18

Cap. 2: Come accettare veramente i propri limiti — pag. 30

Cap. 3: Come vedere la bellezza in ogni cosa — pag. 38

Cap. 4: Come aumentare la qualità della propria vita — pag. 49

Cap. 5: Come migliorare il proprio stato d'animo — pag. 69

Conclusione — pag. 83

Ringraziamenti — pag. 100

Introduzione

Bellezza: la via che è in te. Riconoscere la bellezza in ogni cosa che ci circonda è una necessità tanto più sentita quanto più ci si è allontanati dallo stato naturale delle cose e, quindi, della nostra vita. Osservava Ludwig Josef Johann Wittgenstein, filosofo e logico austriaco, che «i limiti del nostro mondo sono i limiti del nostro linguaggio». Mi sento di poter affermare a gran voce che una buona parte dei nostri limiti coinvolge anche il "vedere" o, meglio, il "saper vedere".

Questo libro non è un trattato di crescita personale, né tantomeno un manuale per accedere a qualche eccellenza; è piuttosto una "provocazione", cioè una serie di riflessioni e informazioni atte a dimostrare che noi possiamo modificare il nostro modo di vedere la realtà e scorgere che la *bellezza* si annida *in ogni cosa*.

Perché la *bellezza* non riguarda solamente l'aspetto estetico delle cose, ma innanzitutto *l'essenza* delle cose e, come vedremo, l'argomento ha tutte le caratteristiche per essere esteso agli *eventi*, alle *circostanze* e persino alle *relazioni*. Allora, visto che, come abbiamo detto, non parleremo di crescita personale né di metodi per eccellere in qualche modo, non useremo tecniche né tantomeno faremo ricorso alla fede.

"Bellezza senza confine" è un percorso. *La via della bellezza* che è in noi. Che utopia inseguiremmo se fossimo certi di poterla realizzare? Scommetto che, se ci rendessimo conto che il posto in cui viviamo è il migliore che avremmo potuto scegliere, o che l'aspetto che abbiamo è quello a noi più consono e utile, rimarremmo stupiti perché, più che un paradiso, a noi tutto questo sembra un inferno! Ma proviamo a fare una riflessione: è possibile che tutto ciò che sembra accadere di negativo in realtà succede perché non sospettiamo neanche il potere che abbiamo e ciò che saremmo in grado di fare? Pagina dopo pagina, argomento dopo argomento, affronteremo i temi che ci guideranno in un percorso mirato a consolidare le nostre capacità, proprio come si irrobustiscono i muscoli in un programma di allenamento fisico.

Con la sua storia e le sue opere, Walt Disney ha dimostrato che l'ambiente e l'educazione non limitano la capacità di diventare ciò che si desidera. «Se puoi sognarlo, puoi farlo» è ancora oggi il motto della sua azienda, e questo ci dice che il desiderio viene prima della visione, anzi, è il carburante della *visione stessa*. E la visione per noi è bellezza senza limiti, è non smettere mai di migliorarsi.

Viviamo in accordo con i modelli di pensiero che adottiamo. Se le nostre idee e i nostri pensieri girano sempre intorno alle frustrazioni, al fallimento e alle cattive relazioni, perché ci meravigliamo dal momento che quotidianamente abbiamo a che fare con simili esperienze? Possiamo fare poco riguardo a quello che gli altri pensano di noi, ma possiamo fare molto riguardo a quello che pensiamo di noi stessi. Sono sufficienti le difficoltà che affrontiamo quotidianamente, non c'è bisogno di crearne di nuove attraverso l'incongruenza ripetitiva dei nostri pensieri.

Se vogliamo essere persone influenti, dobbiamo cominciare influenzando noi stessi, stando bene attenti a dare ai nostri pensieri la direzione che vogliamo. Attiriamo e respingiamo secondo il nostro atteggiamento mentale, sempre. Ci identifichiamo con la mancanza o con l'abbondanza, con l'amore, l'amicizia o l'indifferenza. Non possiamo trattenerci dall'essere attratti da ciò che ci piace e dal respingere il contrario. Questa legge di attrazione e repulsione opera automaticamente. È come guardarsi in uno specchio, che rifletterà sempre quello che ha davanti.

Qui privilegeremo argomenti che non rechino la caratteristica dell'imprecisione, anche se talune parti avranno il sapore della tautologia, soprattutto per alcune definizioni, ma sono strumentali all'installazione, in noi, del nuovo software.

«Se aggiungi poco al poco, ma lo fai di frequente, presto il poco diventerà molto» (Esiodo, VIII sec. a.C.)

Prologo

Solo noi siamo il limite di quello che vogliamo ottenere. Tutto quello che decidiamo di fare per rispondere a un evento, a una circostanza o a quello che più genericamente definiamo un problema, raffigura la qualità della nostra vita. Avere la capacità di prendere una decisione significa possedere un grande potere ma, solitamente, è un potere che non sappiamo controllare, né abbiamo mai imparato a farlo.

Risulta quindi evidente che, tutte le volte che ci accingiamo a prendere delle decisioni, lo facciamo senza alcuna consapevolezza, su basi totalmente infondate: azioni o pensieri meccanici, abitudini, preconcetti e/o luoghi comuni. Per tale motivo, questo *nostro grande potere* risulta sdentato e deprivato di ogni possibile capacità risolutiva; infatti lo sprechiamo inutilmente a causa della disastrosa attitudine che abbiamo di prestare fede a cose di cui non sappiamo nulla.

Uno degli aspetti più importanti che limita il nostro comportamento è determinato dal fatto che percepiamo la realtà che ci circonda in maniera molto parziale. La parzialità non è oggettiva e, al contrario di quello che si può immaginare, è causata da noi stessi, impegnati a effettuare continue selezioni e censure sulla nostra percezione. In pratica giudichiamo, accettiamo e, al contempo, rifiutiamo in maniera meccanica e involontaria buona parte di tutto ciò che percepiamo.

Solo successivamente accogliamo ed introiettiamo determinate cose per filtrarne ed eliminarne altre.

Non siamo nati con queste abitudini, esattamente come non siamo nati con le nostre abilità, ma soprattutto non siamo nati con le nostre convinzioni. La stragrande maggioranza di quello che facciamo lo abbiamo imparato, come abbiamo imparato prima a gattonare e poi a camminare, come abbiamo imparato ad aggrapparci al primo appiglio, in modo automatico, quando stiamo per cadere.

Quindi possiamo affermare, senza alcun dubbio, che persino *le nostre paure sono apprese*. Il "percorso" che andremo via via a illustrare non è un *metodo* che induce un cambiamento, ma un dialogo aperto che argomenta alcuni aspetti relativi a come siamo e a come è fatto il nostro cervello. Questo ci porterà a comprendere che la scoperta della *bellezza in ogni cosa* non si raggiunge per sottrazione, ma per ampliamento.

Le tecniche e i modelli che verranno proposti sono stati messi a fuoco e sperimentati in svariati anni di lavoro nel campo dell'arte, tramite la conoscenza e i suggerimenti dei più grandi artisti e critici che ho conosciuto durante il mio percorso artistico.
Questi strumenti – fondati sul vedere la bellezza ovunque, in ogni anfratto della più piccola e insignificante cosa, come negli eventi che ci coinvolgono in maniera viscerale e che spesso non seguono il filo che vorremmo – li ho riuniti insieme per la prima volta in un libro che ritengo in parte difficile ma, spero, non scoraggiante.

Riscopriremo insieme quei modelli mentali che mi hanno consentito di cambiare vita e riformattato la concezione e il senso dell'essere qui, in questa "presenza". Tutto questo non riflette solo un'idea fantastica, ma si traduce in una pratica mentale quotidiana in cui ci avventureremo per apprendere che non occorre rinunciare o eliminare nulla di ciò di cui è costituita la nostra personalità.

Dobbiamo solamente acquisire maggiore consapevolezza per aggiungere al nostro *modus agendi* il concetto di "bellezza", una "bellezza" che è comunque intorno a noi e che spesso – occupati a inseguire il turbinio della vita, dei pensieri, delle attribuzioni di valore a cose che valore oggettivo non hanno – non percepiamo e di cui, soprattutto, non sappiamo godere.

Quelli che seguono sono gli interrogativi che ci porremo e ai quali ciascuno darà da sé una risposta. Come occorre vedere il mondo per essere pieni, gioiosi e felici? Il mondo è veramente come ci sembra, ossia ostile, negativo e brutto? Esiste una formula, un atteggiamento, una visione che ci consenta di scoprire il segreto nascosto in ogni cosa, in ogni relazione, per fare emergere la bellezza, l'aspetto positivo che da sempre cerchiamo e che vorremmo vivere? Cos'è la bellezza? Un'immagine personale della realtà o qualcosa di oggettivamente riscontrabile?

Sono domande che hanno attraversato i secoli. La bellezza è un fatto interattivo che emerge dal non accontentarsi di ciò che è così com'è, che esiste, ma che si scopre quando tentiamo di migliorare schemi ormai dati per scontati. Ed è per questo che non occorre cambiare nulla, occorre piuttosto andare oltre il conosciuto e il sedimentato, osservare in profondità e scoprire aspetti che prima non si erano visti.

È una risonanza tra io e l'altro, tra l'io e il mondo, che di fatto amplia la concezione di cosa ognuno sente di essere. Scoprire la bellezza dietro le cose più normali ci consente di innescare un processo di percezione della bellezza che libera elementi chimici in grado di sollecitare la memoria e mantenere le immagini impresse più a lungo, per i quali ha comunque un ruolo fondamentale l'emotività.

Il nostro cervello possiede meccanismi per apprezzare il bello, ma anche per riconoscerlo per poi ripetere l'esperienza in cui sono coinvolti i cosiddetti neuroni specchio. Tutto il nostro mondo è permeato di bellezza e simmetria, basta guardarsi attorno per scoprirlo negli elementi della natura e nelle opere dell'uomo, dalle conchiglie marine ai semplici fiori di campo, da un cielo stellato alle opere degli artisti e dei costruttori di tutti i tempi.

C'è bellezza tutte le volte in cui facciamo qualcosa che aiuta il prossimo. C'è bellezza tutte le volte che riusciamo a essere imperturbabili. C'è bellezza tutte le volte che realizziamo obiettivi che ci permettono di vivere una vita ricca di creatività e significato e che conducono davvero a quello che per noi è felicità. Sicuramente ciascuno di noi ha un'attività, un lavoro, ma quanti possono affermare di essere contenti del proprio lavoro? Se qualche aspetto del nostro lavoro non ci appassiona, se non siamo capaci di vedere, sentire, percepire che dietro quello che stiamo facendo c'è qualcosa di bello, che vale la pena di essere fatto, gran parte del nostro vivere sarà insoddisfacente.

Se riuscissimo ad attribuire al nostro lavoro una qualità che ci procura anche un briciolo di felicità, vivremo con meno stress, saremo più produttivi e, soprattutto, saremo entusiasti di fare quello che facciamo. C'è un solo problema, ogni giorno è nuovo, ogni avvenimento che accade è diverso, ogni attimo non è l'attimo di prima, eppure il nostro approccio resta uguale a quello di ieri, applichiamo le stesse idee, gli stessi pensieri, le stesse metodologie.

Albert Einstein ha sintetizzato tutto questo in due frasi efficaci quanto sintetiche: «Stupidità significa fare e rifare la stessa cosa aspettandosi risultati diversi» e «Non possiamo risolvere i problemi con lo stesso tipo di pensiero che abbiamo usato quando li abbiamo creati». La consapevolezza è l'essenza della scoperta di idee nuove. Il segreto del cambiamento è smettere di usare comportamenti abitudinari e rinnovarli, anche solo in un dettaglio; non occorre rivoluzionare la vita, basta un nuovo piccolo dettaglio ogni giorno.

La mente inconsapevole è vittima di un costante dialogo interiore, di un flusso inarrestabile di pensieri, giudizi, riflessioni, considerazioni meccaniche che hanno come oggetto il controllo, l'interpretazione e la definizione del mondo che ci circonda. È influenzata da ogni stimolo che appare – e ne appaiono migliaia – e non riesce a fare a meno di focalizzarsi sul passato e sul futuro, su ciò che valuta conveniente o sconveniente, cambiando continuamente direzione. Considera ogni esperienza in base alle esperienze passate. La mente inconsapevole compie sempre le medesime scelte, ripete gli stessi errori e le stesse modalità.

La mente consapevole, di contro, è silenziosa, non è intrappolata nelle ossessioni del passato e nei timori per il futuro, ma è ancorata al presente senza preoccupazione alcuna. La mente consapevole funziona nel flusso energetico del momento e non subisce l'influenza del passato e del futuro, ma di ciò che esiste adesso. Non agisce sulla base di convenienze e profitti, ma guarda ai risultati senza aspettative né condizionamenti. La mente consapevole è ispirata dal silenzio, dall'infinito e dalla bellezza.

La bellezza implica un rivolgimento del pensiero. Il pensiero, di per sé, non è altro che un'*emozione latente*, non manifestata. Quando gli permettiamo di agire a livello emotivo, il pensiero comincia ad acquisire connotati di realtà, perché senza un'impronta emotiva il nostro pensiero è come un'esperienza vuota che attende di essere manifestata. Trasformare un pensiero in esperienza è ampliamento della conoscenza, ed è solo in questo caso che evolviamo come esseri umani.

Però acquisire nuove modalità di percezione, con paradigmi ancora non completamente installati, ci può far sentire un qualche disagio. Il cambiamento non ci permette all'inizio di sentirci completamente noi stessi. La bellezza percepita in ogni cosa ci consente di riuscire a essere a nostro agio nel disagio. *È questo il segreto dei grandi uomini: fare cose che per gli altri sono innaturali.*

Esercitare questo segreto vuol dire cominciare a fare quello che non ci risulta agevole: sorridere di fronte alle avversità, essere gentili con chi si comporta in maniera tutt'altro che gentile, fare un passo indietro laddove gli altri lottano per primeggiare e competere, sforzarsi di vedere la bellezza laddove apparentemente non c'è e, infine, sentirsi pieni, completi e pronti a essere creativi, per esserlo davvero.

Capitolo 1:
Il vero concetto di bellezza

«La bellezza è una promessa di felicità». Quella che hai appena letto è una frase di Stendhal che potremmo considerare una straordinaria intuizione riguardo alla "bellezza": *è bello avere a che fare con ciò che è bello; è bello pensare a ciò che è bello.* Quando si parla di arte, è inevitabile parlare del bello, e arte non è solo pittura, scultura, architettura ecc., *arte è tutto ciò che viene fatto con passione*, disinteressatamente, senza alcuno scopo se non *esprimersi* tramite la modalità (linguaggio) che si è scelto di usare. Può trattarsi di cucina, sartoria, design, scrittura, musica, danza o trading on line... qualsiasi attività o mestiere si può proporre nella sua veste più alta, cioè sotto forma di arte.

A questo punto è indispensabile riuscire a definire meglio il concetto di bellezza. La filosofia ha sempre tentato di dare una risposta a questa domanda e, nel tempo, soprattutto da Platone in poi, si è tentato di associare la bellezza a *qualcosa*. Nel *Simposio*, Platone associa la bellezza all'eros (intendiamoci bene, l'eros dei greci non è quello a cui siamo indotti a pensare noi quando sentiamo questo termine). Nel Medioevo, la bellezza è associata all'idea della perfezione di Dio, per poi divenire *armonia* e *proporzione* nel Rinascimento e *sentimento* per il filosofo Kant.

Tornando a Stendhal, la sua definizione rappresenta, per il nostro *tema*, la chiave di volta: «La bellezza è una promessa di felicità» indica e afferma allo stesso tempo il carattere intuitivo e soggettivo della bellezza, esattamente perché è impossibile ridurla a un unico canone, salvo accostarsi alla bellezza solo ed esclusivamente attraverso la propria soggettività e il proprio sentire, che sono inevitabilmente limitati. La stessa sindrome che prende il suo nome, *sindrome di Stendhal*, appunto, sottolinea che la bellezza ha sull'essere umano un effetto di stordimento che induce a una parziale perdita di lucidità, come se, per pochi attimi, ci si allontanasse spontaneamente da quella qualità *razionale* che contraddistingue e che guida costantemente il nostro comportamento.

La nostra vita è l'*insieme delle scelte* che facciamo. È una *strada piena di incroci* in cui noi orientiamo la direzione in base alla nostra indole. È proprio il nostro stato emotivo a influenzare le nostre decisioni, le nostre azioni e i relativi risultati che potremmo ottenere. In uno stato alterato, come quando siamo nervosi o ansiosi, il nostro cervello non potrà darci le stesse risposte di quando ci sentiamo ispirati ed entusiasti di agire. Quando scegliamo qualcosa, pensiamo di essere noi liberamente a farlo, ma siamo mai veramente liberi di scegliere?

Possiamo usare senza limiti il nostro libero arbitrio? Secondo l'analisi psicologica di Jonah Berger, la maggior parte delle nostre scelte sono di fatto *dettate dalla società* che ci circonda senza che ce ne accorgiamo. Crediamo di desiderare, e quindi di scegliere, ma in realtà *seguiamo la corrente invisibile* in cui siamo immersi. Occorre rassegnarsi, le nostre scelte sono sempre dettate dal contesto in cui viviamo.

Ci fa piacere pensare a noi stessi come a esseri intelligenti in grado di compiere delle libere scelte e decidere del proprio destino, ma non è davvero così. Ognuno di noi si trova quasi sempre in bilico tra due spinte che lo trascinano in direzioni apparentemente opposte: una è quella di volersi *distinguere dalla massa* per rimarcare una propria identità e personalità, l'altra è quella di *integrarsi e sentirsi parte di un gruppo* o di una collettività senza esserne esclusi. Pertanto di fatto si finisce con *l'assecondare inconsapevolmente tendenze condivise*. Come vestirsi, che musica ascoltare, che serie televisive vedere, che libri leggere e, addirittura, che lavoro scegliere: tutte queste decisioni – secondo la tesi di Berger ripresa anche da Oliver Burkeman nei suoi corsi sul *The Guardian* – sono prese per *condizionamento sociale* e non in autonomia.

Non siamo mai veramente liberi di scegliere, possiamo usare il nostro libero arbitrio, ma le nostre scelte saranno sempre dettate dal contesto in cui operiamo, dal periodo storico in cui viviamo, dalla cultura, dall'educazione, dalle persone che ci circondano e da qualunque cosa con la quale interagiamo. Tendiamo a conformarci, a seguire le scelte di coloro che hanno agito prima di noi, anche se non conosciamo di quali informazioni disponessero.

Possiamo seguire *gli altri* anche per far loro piacere, pur dichiarando con energia che non abbiamo bisogno di loro. Ci fa molto piacere pensare di essere diversi dagli altri e che le influenze sociali e culturali non abbiano alcun potere su di noi, ma non è così. La nostra stessa mente e il nostro carattere sono il risultato di anni di condizionamenti espressi dal mondo esterno. Diventa quindi evidente che il contesto in cui viviamo ha un'influenza fortemente determinante sulla qualità delle scelte che facciamo durante tutta la vita e, ancora di più, sulla determinazione del tipo di scelte che possiamo compiere.

Abituarsi negli anni a frequentare ambienti e contesti che stimolano poco la nostra creatività e che inconsciamente limitano le nostre possibilità di scelta ci induce ancora di più ad assottigliare il nostro margine di libertà. Così come vivere e trascorrere il nostro tempo con persone, seppure gradevoli o che amiamo, che ripetono, come un film già visto, frasi del tipo: «Non puoi cambiare le cose, si è sempre fatto così»; «Questo non fa per te»; «Lascia stare, non provarci nemmeno, è inutile»; «Occorre seguire la prassi, o meglio, le regole»; «I nostri avi hanno sempre fatto così».

In questo modo, costruiamo decisamente con le nostre stesse mani delle gabbie intorno a noi sempre più alte e nullifichiamo sempre di più il nostro potere decisionale. Stando così le cose, ci allontaniamo sempre più dalla "bellezza come promessa di felicità" di Stendhal. Quindi possiamo considerare quanto è stato oggetto di riflessione prima come una *brutta notizia*.

Ma veniamo adesso alla *bella notizia*, che riassumiamo in: *gestiamo meglio ciò di cui siamo consapevoli e il nostro linguaggio plasma ciò che "vediamo"*. Se diamo per vero che compiere scelte e prendere decisioni completamente libere è quasi impossibile, per non dire totalmente impossibile, abbiamo però la capacità di aumentare l'attenzione riguardo a quei fattori verso cui è rivolta la nostra azione e capire quando le nostre scelte possono comunque essere influenzate quasi esclusivamente da fattori esterni. Vedere con consapevolezza ciò a cui ci stiamo uniformando ci pone su un piano totalmente differente.

È da prendere con cautela anche quanto affermato da Friedrich Nietzsche in *Ecce Homo*, quando parla di *amor fati*, ovvero la serenità che deriva dall'*accettare ciò che ci accade* sapendo che, per larga parte, non è determinato dal nostro agire. Dicevo con cautela poiché questo compito non è facile, tanto che lo stesso Nietzsche *impazzì* prima di riuscire a riconciliarsi con il proprio destino. Ma il suo messaggio rimane profetico.

Inutile dunque crucciarsi per una scelta sbagliata fatta in passato, probabilmente le cose non sarebbero andate diversamente. *Che senso ha allora affliggersi per le proprie scelte quotidiane?* Possiamo considerare molto più equilibrata la famosa esortazione «conosci te stesso» (in greco antico γνῶθι σαυτόν, *gnōthi sautón*, o anche γνῶθι σεαυτόν, *gnōthi seautón*) massima antica che campeggiava sul pronao del tempio del dio Apollo a Delfi e che per secoli ha influenzato i più importanti pensatori della cultura occidentale: da Socrate a Platone, da Sant'Agostino a Kant.

La conoscenza è il seme da cui germoglia la nostra crescita personale, il potenziale che è in noi, e che ci spinge a indagare l'unicità che ci caratterizza e a sviluppare ed esaltare i nostri punti di forza. Del resto, se impariamo a riconoscere la bellezza che alberga nel nostro animo e nella nostra mente, la nostra autostima non potrà che crescere. Ma non è questo il reale significato della sentenza «conosci te stesso».

Nell'antica Grecia, *gnōthi sautón* era innanzitutto un richiamo a conoscere e riconoscere i propri limiti e pertanto «conosci te stesso» significava prendere coscienza della propria fragilità e della propria imperfezione. Riflettiamo un attimo: la perfezione è una forma di completezza e la completezza non può contemplare solamente la perfezione ma, per essere completa, deve inglobare anche l'imperfezione. Ecco il vero insegnamento: *i nostri limiti sono straordinariamente importanti soprattutto quando decidiamo di illuminarli come con un faro nel buio, indagarli, conoscerli e affrontarli; solo così possiamo individuarne la reale essenza: diventandone consapevoli!*

Proviamo a chiederci cosa accadrebbe se dicessimo a noi stessi: «Ok, le cose vadano come devono andare, anche male, ma so che questo fa parte dello straordinario manifestarsi della vita e che, in ogni caso, i più grandi fallimenti recano in sé i semi della crescita e del cambiamento». Quello che facciamo oggi è riposare costantemente su un materasso confortevole costituito di sicurezze, certezze e luoghi comuni, mentre il brivido di una vita ricca di significati e di scoperte ci fa paura.

Il *leitmotiv* che stilisticamente ritorna come in un'opera musicale nella vita di taluni uomini straordinari è che tutti loro, per motivazioni differenti e circostanze variegate, hanno messo in discussione tutto ciò che rappresentava la propria zona di comfort. Si sono ribellati a tutto, agli studi ortodossi, al modo comune di intendere un lavoro, una carriera, al modo di vivere e al significato di futuro e progresso. Occorre osare, mettere in discussione tutto, sfidare le regole che tutti seguono pedissequamente, inconsciamente, senza pensare... Questa è bellezza senza confini.

Prima legge. *Accorgersi di ciò che ci limita.*
Stiamo attenti, non ci limita quello che non piace di noi a qualcuno, qualche piccola bugia, il non aver mantenuto la parola o qualsiasi altro atteggiamento manifestato con gli amici o al lavoro.
Ci limita quello che lascia dentro di noi un sapore non soddisfacente di noi stessi. Quel qualcosa che non ci permette di sentirci riusciti, completi, in una sola parola, belli dentro.

Alcuni grandi artisti hanno mantenuto ed esercitato la loro creatività anche in momenti difficili, rifiutati o derisi per quello che facevano. Molte definizioni di movimenti artistici poi rivelatisi importanti e influenti a livello internazionale sono nate da aggettivi usati per denigrarli. Il movimento *fauves*, ad esempio, ebbe la propria prima collettiva grazie al Salon d'Automne di Parigi nel 1905. Il vicedirettore del Salon, George Desvallières, artista egli stesso, avuta occasione di conoscere, presso l'atelier di Gustave Moreau, alcuni artisti che dipingevano con colori puri, stesi a campiture piatte, con la sola vibrazione che derivava semplicemente dal movimento del pennello sulla tela, decise di raggruppare alcune delle loro opere nella sala centrale del Salon, in modo da amplificare l'effetto di rottura e la loro singolarità con il confronto con opere di impianto più classico. Oggi potremmo dire che ha voluto mettere in atto una provocazione a discapito degli artisti invitati, avendo presente lo stile dello stesso Desvallières, molto simbolista e dalla preferenza di temi classico-religiosi.

Il primo a utilizzare il termine *fauves*, o comunque a diffonderlo e renderlo celebre, fu il critico d'arte Louis Vauxcelles, che definì la sala come una «*cage aux fauves*», cioè una "gabbia delle belve", per la violenta e selvaggia espressività con cui veniva usato il colore, steso in tonalità pure. La leggenda vuole che il critico Vauxcelles, entrando nell'ottava sala del Salon d'Automne, dove esponevano gli artisti, vide una statua tradizionale circondata da dipinti dai colori molto violenti e accesi ed esclamò: «Ecco Donatello fra le belve!»

Tra gli artisti, nella stanza centrale del Grand Palais, c'erano Henri Matisse, che esponeva l'opera *Donna con cappello*, dipinta appunto nel 1905, André Derain, divenuto poi famoso per avere illustrato le favole di Jean de La Fontaine e il *Satyricon* di Petronio Arbitro, e Maurice de Vlaminck, singolare per il suo stile decisamente aggressivo e per l'uso di colori puri, talvolta spremuti direttamente dal tubetto sulla tela, che si affermò come l'esponente più radicale del gruppo.

Ma la storia non finisce qui, anche l'Impressionismo, avvenuto prima del Fauvismo, ha avuto i suoi denigratori, benché oggi alle mostre degli Impressionisti occorre prenotare per non essere coinvolti nelle interminabili file dei visitatori occasionali.

La mostra fu organizzata nel 1874 presso lo studio del fotografo Nadar come un'azione eversiva in quanto, al di là dell'estrema modernità delle singole opere che sconvolsero la critica, venne compiuta in risposta e contro gli accademici che nell'esposizione del Salon le avevano rifiutate. Il nome di battesimo del nuovo movimento si deve ai critici d'arte dell'epoca che, prendendo spunto dal titolo di un quadro di Monet, *Impression, soleil levant*, definirono la mostra "Exposition Impressioniste", definizione che aveva un'accezione negativa, perché sottolineava l'apparente incompletezza delle opere. Come ben sappiamo, poi divenne una definizione vincente, quasi sinonimo di bellezza, spontaneità e naturalezza.

Possiamo pensare che tutto questo potesse nascere senza nutrire, ribellione ed anticonformismo da parte dei protagonisti, attuato successivamente in un'atteggiamento libero, privo di rassegnazione e assuefazione?

Visti i limiti, si è passati all'azione, ma un'azione intrisa di voglia di essere diversi, in sintonia con l'ascolto del proprio essere e del proprio sentire. Quando entrano in sinergia questi ingredienti, possiamo essere sicuri che lì c'è bellezza.

Avvertenza necessaria.
Quello che viene letto e che si continuerà a leggere nelle pagine che seguono è portatore di una certa pericolosità. Può indurre a mettere in discussione le cose che sino a oggi abbiamo considerato i nostri capisaldi irremovibili. Avremo la tentazione di trascendere l'ambiente culturale che finora è stato il comune riferimento e cominceremo a pensare che nessuno è migliore o superiore a qualcun altro e che ciascuno di noi può essere straordinariamente senza limiti. Diverremo consapevoli del fatto che ciò che ha un senso per noi prima o poi accade, perché ognuno di noi è qui per dare senso a questo vivere e le conoscenze, gli amori, l'arte e le circostanze ci sono offerti come possibilità di dare senso al nostro e all'altrui vivere... un senso di bellezza!

Capitolo 2:
Come accettare veramente i propri limiti

Solo dopo aver accettato i nostri limiti
siamo in grado di superarli
(Brendan Francis)

A scuola passavo per uno bravo, ma vi assicuro che a casa non taccavo libro, non studiavo mai. Lo sapevo che non riuscivo, mi addormentavo, durante la lettura mi si chiudevano gli occhi. Ma come mai passavo per bravo? Perché mi divertivo a guardare e ascoltare i professori quando spiegavano, ascoltavo e, durante le pause, appuntavo concetti, sfumature vocali, atteggiamenti, gesti...
Poi, alla bisogna, ripetevo tutto.

Ricordo che i miei amici si divertivano quando ripetevo la lezione di estimo del professor Cutrera con i toni e i gesti della professoressa di matematica o del professore di topografia e costruzioni. La bellezza che scoprii nello studiare attraverso questo metodo mi rendeva euforico e gioioso. Perciò lo applicai ad altre discipline.

Suonavo la chitarra e canticchiavo. Era il periodo del Festival di

Sanremo (il concorso, trasmesso in televisione, per cantanti professionisti e giovani) e venne fuori una novità, che non vinse, ma fu un successo immediato: *Una lacrima sul viso*, di Bobby Solo. Un giorno, durante una festa tra amici, la eseguii imitando l'interprete e fu un successo. Mi convinsero a partecipare a un concorso appena bandito nella città in cui abitavo. Vinsi il primo premio.

Ero appassionato di pittura dall'età di 15/16 anni, dipingevo senza una vera ricerca, un diletto che occupava sempre più una parte della giornata. Pensai di applicare quel metodo che avevo scoperto mio. Non sono sicuro di poter fare bene una cosa? Ok, riconosco il mio limite e mi metto a imitare qualcuno che quella cosa la sa fare bene. Mi misi a imitare i grandi artisti e cominciai con una testa di vecchio barbuto con turbante di Giambattista Tiepolo (artista veneto del '700).

Passai poi a Francesco Paolo Michetti, un pittore che esercitava anche la fotografia nei primi del '900, nell'area napoletana. Non importa che conosciate questi artisti, oggi con Google si può facilmente individuare di cosa si parla, il fatto che vorrei evidenziare è che, *quando si fa "come se"* e si passa all'azione, qualcosa succede, la bellezza accade.

Seconda legge. *Quando si pensa di non sapere fare qualcosa, ci si sceglie un modello e lo si imita. Lo stesso processo di imitazione ci mette in sintonia con la grandezza del nostro modello e, anche se non siamo ancora in grado di essere come lui, siamo comunque al di sopra della norma.*

C'è qualcosa che ci può aiutare ad accelerare la nostra capacità di superare i limiti. Un esercizio da praticare quotidianamente con cura e costanza. Esempio classico: tenere un elenco, scritto quotidianamente, delle difficoltà, dei limiti e degli errori che hanno caratterizzato le nostre giornate negli ultimi mesi o anni. Anche se può trattarsi di una lista molto lunga, se viene stilata pazientemente ogni giorno, si può rivelare un sistema straordinario per renderci consapevoli dei propri limiti.

Può sembrare contraddittorio focalizzarsi sugli aspetti negativi della vita e non su quelli positivi. Compilare addirittura una *black list* potrebbe apparire qualcosa da evitare. La verità è che il nostro cervello ci fa spesso rivivere gli episodi negativi che hanno contraddistinto le nostre giornate. Ci ritroviamo così a rimuginare e a visualizzare quegli episodi fastidiosi, quegli errori commessi, quelle situazioni in cui ci si è trovati in difficoltà.

Mettere per iscritto questi episodi, li fa uscire dalla nostra mente e ci consente di rielaborarli. Così facendo, la *black list* ci aiuta a distinguere chiaramente gli eventi, le reazioni e le emozioni. Il bello può essere nell'arte, nel gesto, nella bontà, ma non dimentichiamo che *prima di tutto è un'emozione. Ecco perché il mondo può essere salvato solo dall'uomo*. Questa pratica ci consente di liberare la mente e di farci entrare in un vortice di chiarezza, che è uno dei principali aspetti della bellezza.

Si individuano errori ricorrenti, ci si accorge di tutte le volte che è stato rimandato un impegno, insomma, alla fine comprendiamo cosa significa osservare da vicino i propri limiti, accettare la sfida che essi ci lanciano e affrontarli con tutta la determinazione di cui siamo capaci. Questo è il metodo potenziante per conoscere sé stessi più efficace che si possa adottare.

Voltaire, ne *Il superfluo è necessario*, scrive: «Le metafore devono essere come un vetro che protegge gli oggetti, ma li lascia vedere». Scrivere tutto quello che per noi rappresenta un limite, nel momento in cui lo scriviamo, si trasforma nel nostro intento in una *metafora* che si *lascia vedere*. Poiché: *credere in se stessi, dipende da ciò che si pensa di sé stessi, quel pensiero finisce coll'essere determinato dalla nostra pratica quotidiana.*

È indubbio, questa operazione può sembrare difficile per alcune persone, perché può diventare un circolo vizioso: *devi conoscere chi sei per poter crescere ma, allo stesso tempo, devi anche crescere per poter conoscere chi sei.* Conoscere sé stessi non è semplice per nessuno. Se si vuole cambiare e crescere, occorre non solo conoscere sé stessi, ma anche accettare chi si è, prima di iniziare a costruire.

Qualunque cosa si possa fare, trovarne il lato positivo, l'aspetto bello, ci permette di appassionarci. E quando si trova la passione, questa ci porta energia e ci eleva verso le vette dell'eccellenza. È difficile realizzare il nostro destino facendo qualcosa che non ci piace e della quale non abbiamo individuato aspetti che possiamo fare rientrare nella categoria di bellezza. La passione ci offre molti vantaggi; colui che nutre una passione è inevitabilmente superiore a coloro che nutrono semplicemente un interesse. La passione si nutre di energia e, a sua volta, produce energia. E questa energia ci permette di riconoscere la differenza tra quello che vogliamo e quello in cui eccelliamo o in cui siamo bravi. Da qui sorge la soddisfazione, la netta differenza tra i nostri valori e le nostre priorità, rispetto ai valori e alle priorità dell'ambiente in cui ci muoviamo.

Lo scopo delle azioni è scoprire la propria unicità, quindi, di conseguenza, scoprire come usare questi talenti e individuare il campo giusto in cui utilizzarli e la disciplina per svilupparli. È molto importante sapere non solo cosa si vuol fare, ma anche perché lo si vuole fare. Le motivazioni che ci spingono a voler fare qualcosa sono molto importanti.

Quando si agisce per una ragione ben precisa, che riteniamo giusta, produciamo una forza interiore capace di superare tutti gli ostacoli possibili e immaginabili. Le giuste motivazioni, inoltre, aiutano ad assemblare relazioni positive, perché ci portano a mettere le persone davanti agli interessi personali. Fare qualcosa di cui riconosciamo le giuste motivazioni rende inoltre la nostra vita più bella e la nostra visione più chiara.

Introdurre consapevolezza e atteggiamenti che volgono la visione al positivo è alla base del successo, perché il mondo vuole essere osservato sempre nei suoi aspetti più belli, più giusti, vuole essere sempre posto sotto la luce migliore. Questo è il vero segreto per raggiungere gli obiettivi e per superare i momenti di difficoltà. Un segreto il cui uso costante ha permesso alle persone che oggi guardiamo come punti di riferimento – grandi manager, grandi artisti, grandi leader – di creare imperi valutati in svariati miliardi di dollari. Potrebbe bastare questo per dimostrare che scegliere la bellezza dentro e fuori di sé, diventando visionari in senso positivo, trasforma concretamente la vita in successo e ricchezza.

Diventare visionari di bellezza è una scelta che implica una decisione netta: decidere di avere un atteggiamento aperto a 360 gradi. Il che significa impegnarsi, sforzarsi se necessario, a guardare, ascoltare, percepire, descrivere e condividere soltanto i lati più riconducibili alla bellezza di ogni cosa. Ciò non significa ignorare le criticità, le mancanze o gli aspetti negativi del mondo, ma significa collocarli in una posizione secondaria, attribuendo loro un piano inferiore rispetto agli altri.

È quindi un vero e proprio rovesciamento di prospettiva rispetto al modo in cui, quotidianamente, vengono oggi interpretati il mondo e la vita da parte della società globale. Oggi la bruttura, il negativo, il pessimismo hanno il sopravvento e si punta a focalizzare l'attenzione sulla parte più oscura degli eventi, si evidenziano sempre di più le mancanze, le sofferenze, il dolore, sembra che ci sia un interesse maggiore per le notizie che ruotano intorno al dramma, alla tragedia. Non che queste cose non esistano, naturalmente, ma oggi sembra che esistano solo queste!

Chi mai ci parla di bellezza, di speranza, di futuro luminoso, di "qualità" da esprimere, di valori da condividere e/o di energia costruttiva? Chi ci parla del bello del mondo e della vita? Paura, rabbia, odio, risentimento, insulti sono i linguaggi e i messaggi predominanti che vediamo in televisione, che leggiamo sui social network, che ascoltiamo alla radio. Ed è inevitabile che, immersi in un tale oceano di infelicità, pensiamo che il mondo sia infelice e che gli aspetti principali del vivere siano le problematicità, la sofferenza e il dolore. Ma non è così...

Capitolo 3:
Come vedere la bellezza in ogni cosa

Ciò che contraddistingue le menti veramente originali
non è l'essere i primi a vedere qualcosa di nuovo,
ma... a vedere qualcosa di nuovo in ciò che è vecchio!
F. Nietzsche

La *consapevolezza* è quel processo che implica il conoscere qualcosa mediante l'attenzione posta nell'osservare, ascoltare e interpretare ciò che si sente, si vede e, innanzitutto, si prova. La consapevolezza non può essere acquisita se non attraverso l'esperienza personale diretta, non può essere appresa attraverso la lettura di un libro o la partecipazione a qualche giornata di formazione.

La comprensione cognitiva di eventi, accadimenti e cose non può rappresentare oggetto di consapevolezza. Per riuscire a comprendere il vero significato di "essere consapevole" occorre sperimentare, ma non con l'esprimere un giudizio su cose sperimentate, ma con il produrre, soprattutto, un'esperienza di ascolto di sé stessi e di informazione sulle esperienze fatte. Solo questo ascolto e queste informazioni possono farci scoprire aspetti e sfumature delle cose che a prima vista possono sfuggirci e che determineranno un cambiamento nella nostra psiche tale da produrre risultati notevolmente differenti rispetto a prima.

Questo nuovo modello di realtà, infine, ci potrebbe portare ad accorgerci quanto esso rappresenti quell'aspetto che più si avvicina a ciò che noi definiamo *il bello delle "cose"*. È giusto tenere conto del fatto che siamo in grado di controllare soltanto ciò di cui siamo consapevoli. Riconoscere negli altri quello che si è stati capaci di apprendere e di scoprire lavorando su di sé, l'eventuale grado di alterazione di sé stessi, le emozioni, i bisogni e le pulsioni ci permette di costruire una vita di relazioni soddisfacente.

Del resto ce lo conferma anche la scienza: il mentale emerge dal cerebrale. Per questa ragione noi abbiamo una continuità visiva e non una discontinuità. Il processo tipico del *mentale* si separa dal *cerebrale* nel senso che quest'ultimo è "elementare" mentre il mentale è "complesso" e si manifesta, appunto, come campo mentale conscio attraverso tutta una serie di *aggiustamenti automatici* che la nostra mente fa non solo nelle aree corticali deputate a una certa funzione specifica. Tale dato di fatto è dunque il modo in cui l'esperienza soggettiva emerge dalla generalità delle funzioni cerebrali comuni a tutti gli esseri umani. È dunque una "proprietà" specifica dell'organizzazione neuronale del nostro organo cerebrale (il cervello).

A questo possiamo aggiungere ciò che disse il fisico quantistico John Hagelin, un pioniere della cosiddetta "teoria del campo unificato": «Abbiamo scoperto che alla base dell'Universo c'è un campo universale, dove tutte le forze e le particelle della natura sono unite. Esse sono onde di un singolo oceano di esistenza. È giunto il momento di imparare a nuotare in questo oceano!» Di questo parleremo più avanti, intanto, riconoscere il valore e il senso della consapevolezza può farci rilevare quanto questa si completi con la capacità di assumersi la responsabilità di sé stessi.

Il significato del termine *responsabilità* è racchiuso nella sua stessa etimologia: viene infatti dal latino *respondere*, cioè rispondere di qualcosa, rendere conto delle proprie azioni e farsi carico delle loro conseguenze. Occorre subito sottolineare che si tratta di un concetto intrinsecamente legato all'uomo moderno: la responsabilità, per essere tale, presuppone infatti la *libertà* del soggetto, la capacità di agire e scegliere liberamente; si può rispondere delle proprie azioni solo se queste sono ispirate da una libera scelta. Ed è l'uomo l'unico essere libero e responsabile.

Allo stesso tempo, però – e questo fa parte del suo fascino paradossale e della bellezza del senso – responsabilità implica anche un *limite* alla nostra libertà. Vediamo cosa significa sul piano privato e sul piano pubblico. Farsi carico delle proprie azioni significa in primo luogo essere consapevoli delle loro conseguenze *per noi*. Qualsiasi decisione prendiamo inciderà profondamente sulle nostre vite e ci obbligherà ad accettarne gli esiti.

Questo vale ancor di più quando compiamo una scelta controcorrente o in opposizione a un comune modo di pensare. Quando una persona accetta la responsabilità di ciò che desidera fare e di come farlo, aumentano in maniera esponenziale l'impegno e la motivazione. Quando ci troviamo dinanzi a un comportamento consapevole e responsabile, siamo certamente di fronte a un comportamento che esprimerà bellezza e correttezza.

È un processo che consiste nel notare attivamente cose nuove, come un immergersi nel presente che ci rende più sensibili al contesto e alla prospettiva di ciò che stiamo facendo. È l'essenza del coinvolgimento che ci induce a produrre più energia invece di disperderla e consumarla. Ci accorgiamo di giungere a una destinazione che, nella sua espressione metaforica, vuol dire raggiungere ciò che è stato ed è l'oggetto del nostro desiderio e che ci consente di approdare a una condizione che genera felicità.

Una volta capito che le regole non sono assolute, ma plasmabili, possiamo imparare a pensare diversamente, sfuggire agli schemi e vivere oltre i limiti imposti da qualsiasi circostanza, ambiente, cultura e società. Sino a quando saremo assoggettati a un atteggiamento giudicante, a comportamenti meccanici, non percepiremo profondamente quanto gli altri ci facciano da specchio. Ciò che vedremo sarà, per definizione, inquinato dalle nostre istanze irrisolte. Ci sembrerà di vedere una realtà oggettiva, ma vedremo sempre e solo noi stessi... La negatività che percepiremo dagli altri sarà la nostra negatività e questo indipendentemente dal fatto che gli altri siano davvero portatori di negatività, il che può anche essere.

Terza legge. *Il mondo è intriso di bellezza, siamo noi che non sappiamo accorgercene. Le nostre convinzioni ci rendono quello che siamo, ma non siamo noi. I concetti che abbiamo nutrito sino a oggi plasmano la nostra identità e la nostra esperienza delle cose.*

Se riuscissimo a sostituire i modelli accettati di realtà con modelli nuovi, potremmo avere la certezza che si verificheranno cambiamenti drastici.

La mente è così potente che, se carica di significato ciò che che prima considerava abitudinariamente, può apportare modifiche sostanziali al comportamento, alla salute, all'umore e all'entusiasmo solo attraverso un cambiamento di prospettiva. È impressionante osservare il potere che può avere di controllare e modificare la fiducia che abbiamo in noi stessi, la carica energetica che mettiamo nello svolgere la nostra attività, la nostra felicità e qualunque altra cosa sia in grado di determinare la qualità del nostro vivere.

Il nostro software interno invecchia e diviene obsoleto ogni attimo che passa. «Tutto scorre. Nello stesso fiume, invero, non è possibile entrare due volte». È una frase di Eraclito che non sta dalla parte di nessuna cosa che pretenda di essere vera *in sé*.
Afferma infatti che il divenire rende impossibile un'identità precostituita, fissata in una definizione astratta, univoca. Nel pensiero di Eraclito domina il conflitto fra gli opposti, ma questo non ci deve indurre alla disperazione, deve invece farci cercare un principio che possa mettere ordine in questa situazione.

Questo principio, però, non deve essere cercato all'esterno, ma dentro noi stessi, come affermava del resto l'oracolo di Delfi di cui abbiamo parlato ("conosci te stesso"). «Dato che tutto diviene, nulla è», diceva con grandissimo acume Eraclito, ponendo in rilievo la valorizzazione della *differenza*, cioè quanto ci appare diverso rispetto alla nostra identità. L'identità non è data da *sé stessa* – come sostengono quelli che possiamo definire credenti o fanatici, e ancora di più gli ideologi – ma è data dal rapporto che siamo capaci di individuare nella differenza.

L'identità è tutto ciò che ci rende definibili e riconoscibili, perché possediamo un insieme di qualità o di caratteristiche che ci fanno essere ciò che siamo e, per ciò stesso, ci distinguiamo da tutti gli altri. Per poter *essere*, occorre innanzitutto mettersi in rapporto a qualcosa o a qualcuno. Ci vorrà Hegel per capire che il motore della storia è proprio il *non-essere* e che la contraddizione va vista positivamente, come una necessità per lo sviluppo dell'essere. E ci vorrà poi Marx per capire che la conciliazione degli opposti non può essere compiuta solo nel pensiero, ma anche nella *realtà sociale*.

La nostra cultura, che è dominata dal marketing, vede la bellezza come qualcosa di fisico e non prende in considerazione la totalità della persona. Così sono nati il business della chirurgia estetica e lo smodato consumo di botulino per rendere le persone più "belle". Ma si tratta di bellezze artificiali, senz'anima, ricostruite con calcolo e freddezza che, circondate da un'aura di artificialità, sono incapaci di diffondere luminosità. Si tratta soltanto di vanità, non amore per la bellezza e non ha nulla a che vedere con l'amore o la comunicazione.

Ne *I fratelli Karamazov*, Fëdor Michajlovič Dostoevskij scriveva che un viso è bello quando si percepisce che in esso stanno lottando il bene e il male. E, soprattutto quando vince il bene, emerge una bellezza espressiva, naturale e irradiante. È quella la più grande bellezza del viso. La bellezza è un'emanazione dell'essere. La bellezza è un valore in sé stesso. Non ha scopo. È come un fiore che fiorisce per fiorire, poco importa se verrà guardato o no.

Perciò occorre vivere la bellezza in mezzo a un marasma di interessi, vantaggi e tornaconti. Solo allora la bellezza rifletterà il suo originario significato sanscrito: Bet-El-Za che vuol dire: "il luogo dove il Divino brilla". Brilla dappertutto e fa brillare anche noi con il bello. *Quasi tutto ciò che crediamo vero sta nella nostra testa.*

Se comprendiamo che il mondo in cui viviamo esiste solo nella nostra testa, forse il passo successivo, cioè metterci alla guida della nostra esistenza, risulterà più semplice.

Intanto prendiamo atto di come funziona il nostro cervello, nelle parole di Jill Bolte Taylor, la donna che ha raccontato il suo ictus. Sappiamo tutti che il nostro cervello è composto da due emisferi. *L'emisfero destro e concentrato sul presente: qui e ora.* Pensa per immagini ed impara cinesteticamente attraverso i movimenti del corpo; le informazioni, sotto forma di energia, fluiscono simultaneamente attraverso il nostro sistema sensoriale, per poi esplodere in questo enorme collage che è la rappresentazione di questo momento. Gli odori e sapori di questo momento, le sensazioni e i suoni.

Siamo energia connessa all'energia che ci circonda, tramite la consapevolezza dell'emisfero destro. Siamo energia, connessi l'uno con l'altro tramite la consapevolezza dei nostri emisferi destri come una sola famiglia umana.

Proprio qui e ora, siamo fratelli e sorelle su questo pianeta, e siamo qui per rendere il mondo un posto migliore. Il nostro emisfero destro, ripeto, è concentrato sul presente. Qui e ora; in questo momento siamo perfetti, siamo un solo corpo e siamo meravigliosi!

Il nostro emisfero sinistro è completamente diverso: pensa in modo lineare e metodico, gestisce il passato e il futuro. Il suo compito è quello di prendere l'enorme collage del presente e raccogliere dettagli, dettagli e ancora dettagli sui vari dettagli. Quindi cataloga e organizza tutti questi dati, li associa con ciò che abbiamo imparato nel passato e proietta nel futuro tutte le nostre possibilità.
L'emisfero sinistro pensa in una lingua. È quel costante chiacchiericcio che collega il nostro mondo interno con il mondo esterno. È la vocina che ci dice: «Non dimenticare di comprare le banane tornando a casa, ne ho bisogno per la colazione». È quell'intelligenza calcolatrice che ci ricorda che occorre fare il bucato, ma è anche la vocina che ci dice: «Io sono, io sono».

E, non appena l'emisfero sinistro ci dice «io sono» ci separiamo dagli altri... Diventiamo individui ben distinti dal flusso di energia che ci circonda e ci separa dal resto.

Stando così le cose, cambiare un modello di realtà può considerarsi una forma di crescita. Deriva da un'innumerevole quantità di connessioni o da un'improvvisa intuizione: quasi una rivelazione che ci modifica interiormente. È sorprendente vedere come, una volta adottato un modello che consideriamo superiore a quello precedente, non siamo più in grado di tornare indietro. È quello che accadrà quando riusciremo a individuare il nostro personale metodo per *vedere la bellezza ovunque*.

Non sarà più un problema di autostima o di scarsa considerazione da parte degli altri o, ancora, di voler dimostrare quanto valore c'è in noi. Noi siamo capaci di vedere bellezza ovunque, è il nostro scopo, perché vivere è bello, esserci è bello. Ciò che ci accade possiamo vederlo come possibilità e avere delle possibilità è bello.

Capitolo 4:
Come aumentare la qualità della propria vita

Non si può insegnare la verità...
Il paradosso dei paradossi è che il contrario
della verità è vero ugualmente.
H. Hesse, *Siddharta*

Il nostro potenziale è infinito. Quello che *sappiamo* di avere come conoscenza è molto meno di ciò che *non sappiamo* di conoscere; ma quello che ci limita è che lo stesso rapporto riguarda anche ciò che *sappiamo* di credere e ciò che *non sappiamo* di credere. Per questo ci portiamo dietro una zavorra enorme, rappresentata da modelli di realtà che non solo limitano le nostre potenzialità, ma ci impediscono di concepire che qualcosa possa cambiare.

Quarta legge. *Quando sapremo scoprire la bellezza ovunque, nella nostra vita accadranno cambiamenti straordinari al punto tale che rimarremo allo stesso tempo sorpresi ed entusiasti di tutto ciò che ci accade intorno. Possiamo considerarla una lente deformante che trasforma tutto in positivo.*

Il rinnovamento è insito nella natura del corpo umano, mentre la degenerazione e la malattia sono l'eccezione, non la norma. Il processo che dobbiamo imparare a mettere in moto consiste nel saper sfruttare in modo intenzionale il processo fisiologico di rinnovamento, governando gli ormoni che le cellule sintetizzano, le proteine che costruiscono, i neurotrasmettitori che producono e i percorsi neurali attraverso i quali inviano segnali.

Il nostro corpo è in perenne fermento e trasformazione, attimo dopo attimo. Il nostro cervello è molto attivo: crea e distrugge un'infinità di connessioni neurali al secondo. Il dottor Joe Dispensa ci insegna che possiamo guidare questo processo attraverso l'intenzione, assumendo il ruolo attivo del conducente del veicolo, anziché quello passivo del passeggero. Questo vuol dire che, se entriamo dentro di noi e cominciamo a creare un'immagine del risultato che vogliamo ottenere, questo, attraverso la ripetizione del processo, in qualche modo si fissa e si realizza.

Occorre essere determinati, la bellezza innanzi a tutto e in tutto. Assumere una postura rilassata e presente, nella mente e nel corpo. Nessun chiacchiericcio, nessuna analisi, nessun pensiero, nessuna ossessione, nessuno sforzo attraversa la mente, finché tutto scompare e lascia il posto a una sorta di pace e di silenzio interiore. Non ci dovrà più importare nulla di tutto quello di cui avremmo dovuto preoccuparci riguardo al passato e al futuro. Prendiamoci tutto il tempo per indagare la bellezza di ogni cosa, a partire da quella più insignificante, per immergerci emotivamente fino ad avere la sensazione che tutto quello che è pensato, immaginato e ricercato sia presente davanti a noi, splendido e reale.

Se consideriamo che l'effetto placebo che sovente si sperimenta con le pillole si può estendere a circostanze ben più gravi come gli interventi chirurgici, quello che sostanzialmente pensiamo di noi, del nostro corpo, di ciò che possiamo o non possiamo fare ha un impatto sbalorditivo sul modo in cui lo percepiamo, sia in positivo, sia in negativo. Non occorre impegnarsi a dimostrare nulla, occorre solamente agire senza scopo, agire al meglio per il piacere o, meglio, per la bellezza del piacere, ma sempre senza scopo.

Il nostro cervello è come una spugna affamata e assetata, assorbe informazioni di continuo e non sa quali informazioni gli piacciono e quali no. Il suo appetito gliele fa accogliere tutte, il giudizio subentra dopo. A ogni stimolo si prepara ad andare oltre, e tutto questo non ha uno scopo, è nella sua natura fare così. Se siamo passivi, verremo trasportati come fuscelli al vento ma, se prendiamo il posto di comando, quella sete e quella fame possono divenire i nostri alleati e, in un costante atto di presenza e consapevolezza, possiamo decidere noi cosa bere e cosa mangiare.

Facciamoci domande su tutto, ma non con il "perché": Perché questo o perché quello? Perché mi è successo? Perché sempre a me? Poniamoci piuttosto domande con il "cosa": Cosa mi è accaduto? Cosa posso fare per risolvere questo? Cosa succede per far sì che accada questo? Le domande con il "cosa" ci consentono di arrivare alla radice di un problema ed essere quindi più vicini alla soluzione.

Per dirla con un esempio "illuminante", potremmo affermare che le domande con il *perché* sono assimilabili al filamento di una lampadina: sono domande passive, attendono una risposta, sono solo conduttori di energia. In qualche modo, l'elettricità ci ripropone ciò che osserviamo nella vita di tutti i giorni: finché tutto è in equilibrio, in condizioni di riposo, nulla accade; affinché succeda qualcosa, occorre che si determini una situazione di scompenso, uno stato di tensione.

Le domande con il "cosa" creano uno stato di *tensione*; se osservo che c'è qualcosa che non mi piace, che non va, che mi fa stare male, vuol dire che il mondo così com'è mi sta stretto. Il mondo così com'è va bene per il filamento che fa da semplice conduttore di energia, ovvero per chi continua a chiedersi il perché di ogni cosa, ma non per la *resistenza* che determina l'accensione della luce. La forza contraria che si oppone al passaggio della corrente (energia) viene denominata, infatti, *resistenza*.

Quindi, opporsi alle *cose* così come stanno e sono sempre state crea una tensione molto bella che significa *cambiamento*. Sarebbe meraviglioso far scorrere la corrente nelle apparecchiature e farle funzionare senza dispendio di energia! Purtroppo, nel momento in cui applichiamo una tensione con lo scopo di far "muovere" questa corrente, qualcosa rema contro opponendosi al libero movimento delle cariche elettriche.

Maggiore è la resistenza, minore è la corrente che riesce a passare. Le lampadine che fanno più luce sono costruite in modo tale che il loro filamento, cioè quel filo che si scalda e diventa incandescente, abbia una resistenza bassa e possa quindi far passare più corrente. Quindi, opporsi sì, ma con misura: fare in modo che l'energia fluisca e *accada l'illuminazione*.

Domande esemplari: *Cosa* succede, visto che accade qualcosa che non ci va? *Cosa* possiamo fare, *cosa* possiamo cambiare per fare in modo che ci vada? Dobbiamo farci continuamente domande su tutto, lasciamo che gli altri stiano comodi così come stanno, noi non possiamo permettercelo, desideriamo crescere, andare oltre, vogliamo scoprire in cosa consiste il bello del mondo che ci circonda.

Se l'energia del mondo fluisce in maniera statica, e per noi non succede nulla, facciamo *resistenza*, creiamo una *tensione* e attraverso di noi esplode la *luce*. Se consideriamo condivisibili le nostre esperienze visive in quanto le nostre strutture percettive sono analoghe, permeate di significati universali validi.

Potremmo assimilarci a delle forme, dunque parliamo di *isomorfismo*, somiglianza, corrispondenza strutturale tra forma e significato (stimolo esterno e fenomeno percettivo). Tramite il suo studio, cerchiamo di dare dei caratteri generali alla graficizzazione dei segni all'interno di un'opera d'arte e di noi stessi (noi siamo un'opera d'arte), creando una vera e propria suddivisione in categorie.

Le linee:

- *Orizzontali* = calma
- *Verticali* = da B ad A (verso la perfezione e la verità) da A a B (origini).
- *Diagonali* = ascendenti (crescita; senso positivo); discendenti (regressione; senso negativo).
- *Curve* = dolcezza, femminilità, colore, avvolgenza.
-
- *Chiuse* = comfort, avvolgenza.
- *Spezzate* = tensione, aggressività.

"Il cerchio" (la figura geometrica più semplice e perfetta):
- Simbolo del mondo spirituale (differente quindi dal *quadrato*).
- Simbolo femminile e materno (avvolgente, rassicurante).
- Simbolo della ruota (dinamismo).
- Simbolo del sole (dominio, centralità).

"Il quadrato" è il simbolo della terra (diverso dal cerchio) e quindi rappresenta la materia, la staticità. Si contrappone a ciò che è dinamico. Si può rappresentare come le forme raffiguranti il dominio di un uomo (una casa o un recinto). In questi esempi, riportati da Rudolf Arnheim nel suo libro *Arte e percezione visiva*, troviamo molti punti che ci inducono ad approfondire il nostro argomento principale: la bellezza.

«Se il quadrato risulta legato all'uomo e alle sue costruzioni, all'architettura, alle strutture armoniche, alla scrittura ecc., il cerchio ha relazioni divine. Un cerchio ha rappresentato e rappresenta ancora l'eternità, non avendo principio né fine». Questa citazione di Bruno Munari ci apre un mondo. Quando diciamo di qualcuno che è quadrato, cosa vogliamo dire? Ovvero, che caratteristiche attribuiamo a quella definizione?

È certamente pleonastico che qualcuno ve lo suggerisca. Rientrare nella categoria delle persone così definite potrebbe farci piacere o dispiacere. Il quesito occorre porselo. Le figure quadrangolari hanno una connotazione umana e appaiono più comprensibili perché create dall'uomo (a differenza delle linee curve, che vengono spesso interpretate come naturali). Il quadrato è presente quasi sempre nella vita di tutti i giorni: case, porte, finestre, libri e attrezzi da lavoro solitamente hanno forme con linee rette e spigolose, più simili alle creazioni umane e artificiali. Abbiamo detto che il quadrato rappresenta la materia, la staticità. Infatti, dicendo "un uomo quadrato" intendiamo qualcuno materialista, concreto e statico, a cui è difficile far cambiare idea. Individuarne la bellezza mette a dura prova la nostra capacità di ricerca.

Un individuo assimilabile ad un cerchio, viceversa, è una figura che trasmette dinamicità e movimento, come abbiamo capito analizzando il cerchio da un punto di vista grafico; ma basta poco per fermarla: un qualsiasi punto disegnato sul perimetro ne arresta la rotazione. E quel punto possiamo spostarlo, toglierlo in qualsiasi momento, la forma non cambia. La forma circolare ha un forte potere magnetico perché attira l'occhio dell'osservatore.

Il cerchio è molto efficace per enfatizzare concetti importanti, nonché per "staccare" i soggetti dallo sfondo (in teatro, il faro chiamato "occhio di bue" viene utilizzato per far risaltare un attore, proiettando sul palcoscenico un fascio di luce circolare). Tutto questo ha meno possibilità di crearci problemi nell'individuarne la bellezza. Si dice infatti *bello come il sole*, e il riferimento di solito non riguarda solo la bellezza fisica, ma anche qualche contenuto.

La bellezza è un evento, la rivelazione di un'attenzione acuta, non superficiale. È certamente legata a fattori ambientali e temporali ma, soprattutto, alla disposizione interiore. Affinché ci si possa predisporre a tale rivelazione, occorre che il reale appaia in tutto il suo splendore (poiché è sempre depositario di bellezza) e *risuoni* con il proprio splendore, lo splendore dell'osservatore.

Il filosofo Parmenide, venticinque secoli fa, osservava che il *giusto*, il *bello* e il *vero* non sono cose che si vedono con gli occhi, ma con la mente. Quindi è la mente che ci permette di rivelare la bellezza intrinseca della sostanza del mondo, quella di tutto ciò che si manifesta così com'è. Una pietra, un albero, un animale, un essere umano sono capolavori di perfezione misteriosa. Riconoscere la bellezza di una persona in quanto "bella persona" prescinde dall'accorgersi che è bella fisicamente; riconosciamo la bellezza di una vita non nel senso economico, ma nel senso spirituale. La bellezza di chi ha fatto delle scelte che, giuste o sbagliate che fossero, lo hanno portato lì, davanti a noi, con il suo aspetto allegro, tormentato, depresso, ironico, non importa; importa che egli è e merita la nostra attenzione.

Ogni cosa, persona o evento che osserviamo con indifferenza è un'occasione perduta, un momento di non vita, e poco importa se la scusa è non proviamo interesse per quella cosa, persona o evento, perché quella mancanza di interesse ci sta facendo perdere qualcosa: la vita! Se ci svegliamo già stanchi, sotto stress, preoccupati e con mille pensieri per la testa, incapaci di ignorare il cellulare, le notizie del telegiornale, le cose da fare e non assaporiamo con gusto il caffè, il the o qualunque altra cosa prepariamo per la colazione, rivolgendo a chi fa colazione con noi un sorriso e un complimento vero che nasce dalla consapevolezza di stare bene, stiamo perdendo qualcosa.

Il sempre presente Einstein ha formulato un aforisma fantastico: «Non cercare di diventare una persona di successo. Impegnati invece per essere una persona di valore». Ci domandiamo: Cos'è una vita di valore? Cos'è il successo? Una persona di successo è un ingranaggio; per non toglierle nulla, diciamo che è un ingranaggio importante, tutti lo stimano, ma è pur sempre un ingranaggio. Una persona di valore è uscita dal sistema, non è omologata, non ripete quello che fanno gli altri, non è un ingranaggio, è libera.

Il successo è qualcosa che abbiamo e ci viene dato dagli altri, il valore è quello che siamo. Se al mattino ci svegliamo colmi di gratitudine per il nuovo giorno, sorridenti, desiderosi di abbracciare i nostri cari e gustare ciò che abbiamo preparato o che qualcuno amorevolmente ha preparato per noi... beh, conveniamo che si tratta di tutt'altra musica, che la bellezza si è sciolta in ogni gesto, in ogni parola, in ogni sguardo.

Quinta legge. *Quando siamo felici nel presente, viviamo con entusiasmo ciò che ci viene incontro e andiamo avanti spinti da una visione del futuro, il nostro mondo interiore e quello esteriore entrano in armonia e tutto ci appare e diviene bellezza.*

Tutto è un gioco e, se non lo è, facciamolo diventare un gioco, non importa quanto tempo impieghiamo, l'importante è ottenere il risultato. Teniamo sempre presente un fatto: qualcosa di meraviglioso ci sta per accadere, solo che ancora non lo sappiamo. I nostri pensieri e le nostre convinzioni creano la realtà, l'abbiamo sentito dire mille volte, ma il segreto è che quel presente occorre viverlo gioiosi, fiduciosi, aperti a tutto, perché là, proprio là, si annida la bellezza.

Non occorre cambiare nulla, accettiamo il mondo così com'è, e se ci accorgiamo che c'è qualcosa che non va, allora è il segnale che occorre cambiare noi stessi. La nostra felicità non è legata ai nostri obiettivi, perché è necessario essere felici prima di raggiungerli, pertanto il raggiungimento non ci renderà felici, ma sarà una conseguenza del nostro essere già felici. Così è la bellezza che ci pervade: cedere in qualche modo all'istinto, lasciarsi pervadere dalla sensazione che ogni controllo sia entrato in stand by.

«Dall'istintualità non traiamo soltanto l'energia delle nostre passioni, ma anche il gusto e il significato delle passioni stesse; è istintivo ridere, gioire, sperare, avere paura e vincere la paura, prendere sul serio e giocare; e quando tutto ciò è troppo a lungo sottoposto a controllo, comincia a indebolirsi il senso stesso dell'esistenza e si aprono nella coscienza varchi di panico davvero temibili» (Igor Sibaldi). Non è la ragione, ma l'istinto che ci permette di far perdere l'equilibrio all'ordine che tentiamo di perseguire. Ed è quando le cose perdono il loro equilibrio che si può accedere spontaneamente alla bellezza, alla felicità.

I riscontri ricevuti riguardo a quanto detto, colpirono molto sia me sia i miei collaboratori. I partecipanti ai miei seminari riferivano non solo cambiamenti soggettivi nell'approccio con quanto accadeva loro nella vita, ma anche miglioramenti oggettivi riscontrabili in maniera tangibile. Un cameriere era diventato un artista affermato, una ragazza casalinga aveva avviato un business stampando delle borse con i propri elaborati artistici, un altro ancora dipingeva delle immagini affascinanti e si era messo a riprenderle e pubblicarle su YouTube con un seguito impressionante.

Fu incredibilmente eccitante assistere a tutte queste conferme: sapevo che ciò che è possibile replicare tende a diventare un metodo, un sistema. Le numerose conferme, anche di natura fisica – soluzioni a livello depressivo, conversioni in positivo di traumi ecc. – che ci pervenivano recitavano tutte la stessa formula: "Non ci credevo, ma devo riconoscere che...".

Quanto accadeva, era più di una semplice coincidenza. Nei seminari, quello che realizziamo è semplice ma, allo stesso tempo, complesso. Si parte con una serie di informazioni per poi passare alla pratica, non esce nessuno senza avere provato un senso di bellezza su qualcosa, e poi qualcosa ancora, sino all'infinito, su tutte le cose.

Poi, se non fa piacere, se costa troppa fatica esercitarlo per un po' sino a farlo diventare un fatto spontaneo e naturale, si può smettere e tornare come prima. L'assaggio però è avvenuto e una nostalgia rimarrà.

Mi sembra fantastico l'esempio che segue. *Nel 1957, Bruno Klopfer, psicologo dell'UCLA, pubblicò un articolo su una rivista destinata alla comunità scientifica, in cui raccontava la storia di un uomo che chiamò "Mr. Wright", affetto da un linfoma, un tumore delle ghiandole linfatiche, a uno stadio avanzato. L'uomo aveva sviluppato tumori enormi, alcuni grandi come un'arancia, al collo, all'inguine, alle ascelle, e la malattia non rispondeva ad alcuna terapia convenzionale.*

Era a letto da settimane, febbricitante, con difficoltà respiratorie e incapace di muoversi. Il suo medico, Philip West, aveva perso le speranze, ma Wright non si dava per vinto. Quando scoprì che l'ospedale dove era ricoverato (a Long Beach, in California) era uno dei dieci ospedali e centri di ricerca del paese che stavano testando il Krebiozen, un farmaco estratto dal sangue di cavallo, fu subito preso dall'entusiasmo. Per giorni tormentò il dottor West, fino a quando il medico non accettò di somministrargli il nuovo rimedio, anche se Wright non poteva partecipare ufficialmente alla sperimentazione, a cui erano ammessi solo pazienti con un'aspettativa di vita di almeno tre mesi.

Il venerdì gli fu somministrata un'iniezione di Krebiozen e il lunedì successivo era già in piedi, passeggiava per l'ospedale e rideva e scherzava con le infermiere, comportandosi come un uomo nuovo. Il dottor West riferì che le formazioni tumorali si erano sciolte come neve al sole. Tre giorni dopo, le dimensioni si erano ridotte della metà. Dopo una decina di giorni, Wright fu mandato a casa: era guarito. Sembrava un miracolo.

Due mesi dopo, i media riferirono che, in base ai dieci trial condotti sul farmaco, il Krebiozen si era rivelato un fallimento. Dopo aver letto la notizia, Wright si convinse che il farmaco fosse inutile. Ebbe subito una ricaduta e ben presto anche i tumori si riformarono. Il dottor West sospettava che l'iniziale risposta positiva di Wright fosse dovuta all'effetto placebo e, sapendo che si trattava di un paziente terminale, pensò di non aver nulla da perdere, ma tutto da guadagnare, nel mettere alla prova la sua teoria.

Il medico disse a Wright di non credere ai giornali e gli spiegò che la ricaduta era dovuta al fatto che il Krebiozen somministratogli faceva parte di un lotto difettoso. Disse che stavano per consegnare all'ospedale una nuova versione del farmaco, perfezionata e doppiamente efficace, così la definì il dottor West, e Wright avrebbe potuto averla non appena fosse arrivata.

In attesa della terapia, Wright era euforico e, pochi giorni dopo, ricevette l'iniezione. Ma questa volta la siringa utilizzata dal dottor West non conteneva alcun farmaco, né sperimentale né di altro tipo. C'era solo acqua distillata. Anche in questo caso, i tumori di Wright sparirono magicamente. Felice, l'uomo tornò a casa, mantenendosi in buona salute per altri due mesi, senza recidive.

Poi però la American Medical Association annunciò che il Krebiozen era del tutto inefficace. La classe medica era stata beffata. Il "farmaco miracoloso" si era rivelato una bufala: nient'altro che olio minerale contenente un semplice aminoacido. Alla fine i produttori furono denunciati. Dopo aver appreso la notizia, Wright, non credendo più nella possibilità di stare bene, ebbe una ricaduta definitiva. Tornò in ospedale senza speranze e, due giorni dopo, morì.

È possibile che Wright abbia cambiato in qualche modo il suo stato mentale, non una volta ma due, adottando nel giro di pochi giorni quello di un uomo non affetto dal cancro? Può essere che il suo corpo abbia risposto automaticamente a un nuovo modo di pensare? È possibile che poi sia tornato di nuovo allo stato mentale di un uomo malato di cancro dopo aver sentito che il farmaco era stato dichiarato inutile e inefficace? Può essere che il suo corpo abbia ricreato le stesse reazioni chimiche di prima, ritornando alla condizione di malattia che già conosceva? Si può raggiungere questo nuovo stato biochimico non solo prendendo una pillola o facendo un'iniezione, ma anche subendo qualcosa di più invasivo, come un intervento chirurgico?

Adesso tutto può essere decodificato secondo quanto è stato detto prima: l'entusiasmo, la fiducia, il sentirsi e vedersi proiettati in un processo risolutivo, generano *bellezza* e creano *risolutezze*. La felicità è una scelta, ma anche l'infelicità lo è. A compiere questa scelta siamo noi, in ogni singolo momento delle nostre vite. Il modo che adottiamo per reagire agli avvenimenti determina il destino che vivremo come riflesso e risonanza delle nostre azioni. Scegliere di essere felici, nonostante tutto, è una scelta che ci permette di riconoscere in noi la matrice della vita.

Dobbiamo comunque fare i conti con le nostre emozioni, poiché, come già detto da più parti, i nostri pensieri creano la realtà che andremo a vivere. Quando scegliamo di essere felici senza una ragione per esserlo, stiamo scegliendo di realizzare la nostra pace interiore. Oggi, per realizzare il senso della nostra vita, è più che mai necessario scegliere abitudini che rientrino nella categoria della bellezza. Nessuna guerra, nessuna violenza, nessuna strategia interessata economicamente potrà mai donare ricchezza a chi le perpetra a scapito dei più indifesi. Ognuno di noi oggi ha un potere enorme, come quello che contiene un piccolo seme, dal quale può germogliare una pianta che potrà evolversi in un grande e meraviglioso platano.

Il potere dei nostri pensieri si rifletterà nelle nostre azioni. Scegliere pensieri che contemplino la bellezza creerà azioni belle, che daranno vita ad abitudini positive, che contribuiranno al benessere nostro e del mondo. La vera libertà è essere felici. E scegliere questa libertà ci fa andare avanti nonostante le difficoltà, scatena la forza interiore che ci permette di attraversare i momenti più bui delle nostre vite, consapevoli che tutto trascorre. Scoprire la bellezza in ogni cosa vuol dire scoprire di essere felici, che significa riconoscere i tanti doni che piovono sulla nostra vita.

Scoprire che abbiamo la possibilità di bere almeno cinque bicchieri di acqua potabile al giorno, o avere la fortuna di consumare del cibo soddisfacente, fa di noi persone estremamente fortunate (e riconoscerlo è bellezza, è accettare la felicità). Scegliere questo atteggiamento è smettere di lamentarsi. È avvicinarsi a chi ci ama riconoscendo che essere amati non è mai così scontato e non potrà mai essere una routine.

Scegliere la bellezza interiore ed esteriorizzarla è guardarsi allo specchio, riconoscere i propri errori e offrirsi un sorriso. Decidere di essere felici vuol dire scegliere di conquistare il mondo con semplici atti di bellezza, gentilezza e amorevolezza. Del resto siamo tutti qui per essere apprezzati e riconosciuti per quello che facciamo, alla ricerca di noi stessi.

Il riconoscimento della bellezza in ogni cosa esorta a mettere il proprio talento al servizio della vita, usando la propria unicità per operare nel mondo con coraggio e amore, nell'interesse di tutti. Chi rimane ancorato a residui di rancore e/o rabbia ha i fattori bloccanti più efficaci. Quindi occorre scioglierli ed eliminarli. Nel prossimo capitolo parleremo di come farlo.

Capitolo 5:
Come migliorare il proprio stato d'animo

Il vero viaggio di scoperta non consiste nel cercare nuovi paesaggi, ma nell'avere nuovi occhi.
Marcel Proust

Abbiamo certamente capito che non vediamo il mondo com'è, ma fortemente influenzati da come siamo. Abbiamo capito anche che si possono cambiare le credenze installate nella nostra mente, diventandone consapevoli attraverso un'auto-indagine che parte dall'ascolto della propria interiorità e dalla ricerca di conoscenze che scaturiscono dal mettere in discussione tutto ciò che ci riguarda. Sappiamo che per cambiare i software che via via abbiamo installato nel nostro cervello è necessario diventarne consapevoli e nutrire il desiderio di comportarsi e pensare in modo diverso.

Il linguaggio del subconscio non si esprime e non comunica attraverso le parole, ma attraverso le suggestioni che le parole provocano. Quindi i cinque sensi rappresentano il terreno più adeguato per comunicare con esso: un'efficace comunicazione con il nostro subconscio deve passare principalmente attraverso il canale visivo, uditivo e tattile. Il gusto e l'odorato hanno un ruolo secondario. È chiaro che chi predilige un senso invece di un altro tenderà a specializzarsi in una di queste modalità.

Chi ha meno problemi a visualizzare, per comunicare con il proprio subconscio potrà più facilmente usare la modalità visiva, creando un'immagine mentale di quello che desidera. La stesa modalità vale per gli uditivi, che preferiranno il suono: quale mezzo più adeguato se non la musica o il suono di una voce dalle sottili sfumature? Questi ultimi troveranno utile l'ascolto di musiche o registrazioni appropriate. Ma sin qui stiamo ancora imparando a nuotare leggendo un libro. Adesso credo sia opportuno spogliarci ed entrare in acqua. La conoscenza è esperienza, tutto il resto è solo informazione.

Una tecnica molto efficace per riprogrammare il subconscio consiste nel parlare tra sé e sé come se si parlasse con qualcuno, visualizzandosi come un doppio. Un'altra tecnica è quella di realizzare una registrazione con la propria voce, con la tonalità più dolce e mielosa di cui siamo capaci, e ascoltarla alla stregua di una meditazione guidata. Evidentemente nel nostro subconscio ci sono innumerevoli meccanismi automatici che scattano in risposta agli eventi che si susseguono. Se lo lasciamo fare, tenderà a realizzare inevitabilmente gli stessi risultati di sempre. Se invece vogliamo che si manifesti ciò che desideriamo, dobbiamo intervenire per dargli nuove direttive.

Infatti, se le risposte automatiche del nostro subconscio vanno in una direzione diversa da quella che consapevolmente vogliamo, è segno che in esso c'è un vecchio programma che agisce a nostra insaputa. Ecco perché non riusciamo a manifestare quello che desideriamo.

Passiamo alla prima tecnica che, come abbiamo detto, consiste nel parlare al nostro subconscio come se parlassimo con una persona che ci sta davanti. Potremmo avvertire delle resistenze nei confronti di alcuni desideri che andremo a manifestare; in questo caso, è opportuno intervenire con autorevolezza per modificare i programmi già installati. Il dialogo che instauriamo deve essere naturale, come se parlassimo con un'entità separata da noi, e questa è una strategia necessaria per raggiungere il giusto distacco utile alla riprogrammazione. Dopo alcuni argomenti preliminari, giusto per prendere confidenza con questo nuovo ruolo che assumiamo con noi stessi, passiamo al dialogo vero e proprio su aspetti particolari della nostra vita.

Potremmo rivolgerci direttamente ai nostri pensieri, alle nostre emozioni e al nostro stesso corpo, impartendo loro delle direttive precise. Gradualmente, nel tempo, il subconscio assimilerà le istruzioni e si adopererà per attuarle. È importante comprendere che l'iniziale ripetizione costante e concentrata determinerà quell'automatismo simile a quello che si innesca quando impariamo a guidare. Il tono e il senso possono essere simili, ma più orientati al dialogo rispetto all'esempio successivo, dove prenderemo atto di come formulare un *comando* registrato, adatto a essere riascoltato più volte.

Dialogo con il proprio subconscio
Con voce calma e suadente, ci rivolgiamo direttamente al nostro subconscio assegnandogli persino un nome, se lo desideriamo e lo riteniamo necessario. La familiarità, assieme alla risonanza che creerà la nostra voce, sarà di gran lunga più efficace di qualunque registrazione o Dvd pronto all'uso per lo stesso scopo. Senza considerare che la personalizzazione del messaggio è fondamentale per raggiungere obiettivi specifici, cosa che invece difficilmente può fare un prodotto più generico.

Cominciamo.

«[Nome che abbiamo scelto] ascoltami, ci stiamo alleando per divenire dei creatori consapevoli. Noi vogliamo creare una nuova realtà, una realtà straordinaria che rifletta armonia, bellezza, gioia, amore e libertà. Una realtà di benessere, piena di abbondanza e prosperità in ogni campo della nostra esistenza. Tu sai quali vibrazioni emettere per attrarre adesso nella nostra vita quelle persone, quelle cose e quegli eventi che all'unisono sono corrispondenti.

Elimina i vecchi meccanismi energetici limitanti e sabotanti. Abbandoniamo il ruolo di vittima, le lamentele e le autocommiserazioni. Abbandoniamo anche tutti quei sentimenti di mancanza, di limitazione, di povertà, di tristezza e di solitudine che finora ci hanno appesantito e che hanno ostacolato la creazione di quella realtà intrisa di bellezza che vogliamo, così come la realizzazione di tutti i nostri desideri. Ciò che è stato è morto, è cancellato. Lasciamo andare ogni ansia, ogni paura, ogni rancore e ogni condizionamento.

È bello essere, adesso, dei creatori liberi e potenti. È bello godersi la vita e vivere in armonia con tutto ciò che ci circonda; dentro di noi abbiamo tutto ciò che ci serve per farlo. Abbiamo fiducia e ottimismo. Vibriamo di gratitudine per l'amore, l'abbondanza, il successo e la gioia di cui godremo adesso. La realizzazione dei nostri desideri consapevoli è attivata, adesso molliamo tutto quanto ci è di ostacolo.

Abbiamo dinanzi una vita ricca, appagante e meravigliosa sotto tutti gli aspetti. Abbiamo il potere e la capacità di eseguire queste nuove realizzazioni. Abbiamo voglia di circondarci di persone costruttive, di veder accadere cose ed eventi che desideriamo e amiamo. Tutto questo è possibile farlo adesso! Grazie al potere che ci offre l'Universo».

A questo punto, realizzata la registrazione, ci muniremo di cuffie e cellulare e il gioco è fatto, siamo pronti per scatenare un miracolo sbalorditivo. Teniamo presente che "l'atteggiamento è tutto", il che significa che un atteggiamento ottimistico e allegro influenzerà positivamente i nostri pensieri rendendo più potente il risultato del nostro dialogo con noi stessi. Letteralmente, *ottimista* significa e definisce "chi si aspetta il meglio" e sta a indicare quelle persone che concentrano la propria attenzione sul migliore scenario futuro.

Il nostro corpo è in grado di creare una vasta gamma di sostanze chimiche capaci di migliorare il nostro stato in tutti i sensi, persino di guarirci, proteggerci dal dolore, aiutarci a dormire profondamente, migliorare il nostro sistema immunitario, farci provare piacere e, addirittura, incoraggiare l'innamoramento per ogni cosa.

La mente è in grado di per sé di determinare ciò che percepiamo e sperimentiamo. Ciò è dovuto al fatto che siamo un "vuoto" che, durante il trascorrere del tempo, viene riempito dalle impressioni psichiche che si scatenano durante le esperienze di fatti, eventi e circostanze. Tale riempimento avviene automaticamente, spesso in maniera inconsapevole.

Nel momento in cui riusciamo a prendere atto di taluni stati che ci coinvolgono e riusciamo a rendercene consapevoli, abbiamo la facoltà di intervenire all'interno di quel "vuoto" riempito ed eliminare alcune cose, sostituirne altre, immetterne di nuove... E soprattutto scegliere, analizzare, pulire. Distaccarci da tutto ciò che temiamo di perdere evitando di essere troppo coinvolti con gli obiettivi che desideriamo fortemente raggiungere.

Tutto farà parte di un processo di superamento, che assume sempre più i connotati della bellezza, una *bellezza senza confini* in grado di farci da bussola, da orientarci su ciò che per noi è bene e giusto e ciò che invece non lo è. Tutto questo deve stimolare la nostra creatività, farci costruire delle frasi che potremmo registrare e riascoltare in silenzio, lontani da qualsivoglia disturbo, tutte le volte che lo desideriamo o, meglio, una volta al giorno, ritagliandoci, così, preziosi momenti di relax.

Sesta legge. *Quando cambiamo stato d'animo, il corpo risponde a un nuovo modo di pensare. Perciò, per cambiare il modo di essere, dobbiamo innanzitutto modificare i nostri pensieri.*

Le enormi dimensioni del nostro pro-encefalo ci consentono il privilegio di poter rendere il pensiero reale più di qualsiasi altra cosa; ed è così che creiamo i cambiamenti. Per capire come si svolge il processo, è fondamentale esaminare e rivedere tre elementi che lo costituiscono: il *condizionamento*, l'*aspettativa* e il *significato*. Questi tre concetti interagiscono in maniera determinante nell'orchestrare la sinfonia del nostro cambiamento, ancorandolo al subconscio e rendendolo, nel tempo, con la ripetizione del processo, automatico.

Il funzionamento è apparentemente molto semplice. Ogni *stimolo spontaneo* che si effettua in noi, produce una risposta. Se a uno *stimolo spontaneo* aggiungiamo uno *stimolo condizionato* – perché voluto, desiderato e così via – otteniamo ugualmente una risposta. Infine, potremmo osservare che, se provochiamo uno *stimolo condizionato* da solo, si effettua sempre una risposta. È chiaro, quindi, che le sollecitazioni che andremo a effettuare tramite delle registrazioni con la nostra voce provocheranno degli stimoli uditivi che andranno a sollecitare il nostro emisfero cerebrale destro.

L'emisfero destro pensa per immagini e quindi il tutto diverrà in noi la visualizzazione di un atteggiamento, di un comportamento. A questo punto, attraverso il consequenziale aspetto cinestetico (visualizzazione del movimento del nostro corpo), entreremo nella modalità necessaria per l'apprendimento. Il cervello, infatti, attiva gli stessi circuiti neurali che innescherebbe se il nostro stato fosse già cambiato. *Siamo dotati di questo immenso potere.*

Più crederemo che una determinata procedura funzioni, perché ci siamo informati sui suoi effetti, maggiore saranno le probabilità di cambiare ciò che in noi è indesiderato e di stare meglio attraverso la sostituzione dei vecchi *punti di vista* o *convinzioni* inconsci con altri *nuovi*. In altre parole, se attribuiamo più significato o bellezza a una possibile esperienza legata a una persona, a un luogo o a qualcosa nell'ambiente esterno, al fine di cambiare quello interno, è molto più probabile che si riesca a modificare intenzionalmente il proprio stato interno con il solo pensiero.

Quando si formulano gli stessi pensieri, le stesse scelte, le stesse azioni che si traducono negli stessi comportamenti e, quindi, si ripetono le stesse esperienze che inducono emozioni sempre uguali, non cambiamo in alcun modo, anche se segretamente speriamo che la vita cambi. Creiamo la stessa attività cerebrale che attiva i soliti circuiti cerebrali e riproduce la stessa chimica nel cervello che, a sua volta, influisce in modo identico sulla chimica del corpo, con le consuete modalità.

Sappiamo che il vero "cervello" della cellula è la sua membrana, che reagisce e risponde alle influenze esterne adattandosi dinamicamente a un ambiente in perpetuo cambiamento. Questi meccanismi biologici, attraverso i quali le cellule ricevono ed elaborano le informazioni, mantengono il corpo inalterato. Cambiare pensieri, azioni e comportamenti attiva i meccanismi biologici verso un cambiamento consapevole.

La *competizione* non è la base della nostra evoluzione; non è la sopravvivenza del più forte ciò che ci permette di prosperare. Al contrario, con l'avvento dell'epigenetica, che ha portato alcuni studiosi a rivalutare le teorie di Jean-Baptiste de Lamarck, è stato osservato come il fenotipo di un individuo non sia solo l'espressione delle informazioni contenute nel DNA, ma sia fortemente influenzato anche dall'ambiente, che può agire sul genoma mediante meccanismi di tipo epigenetico; la cooperazione e la relazione, pertanto, sono la base della sopravvivenza. Poiché, quindi, la nostra personalità è il risultato del nostro attuale modo di pensare, agire e sentire, il nostro modo di essere, i pensieri, le azioni e le sensazioni sempre uguali ci rendono schiavi della stessa realtà.

Quando, invece, con la nostra mente ci apriamo verso nuovi pensieri, azioni e sensazioni, creiamo inevitabilmente una nuova realtà che si manifesta nel nostro divenire. Il processo funziona secondo la modalità appresso illustrata. La fisica quantistica ci permette di sviluppare alcune riflessioni utili per il *cambiamento*. Se ci osserviamo in un *nuovo futuro* particolare, differente dal nostro passato, e ci aspettiamo che quella realtà immaginata si verifichi vivendone anche emotivamente l'esito, i momenti che stiamo già vivendo in quella futura realtà ci consentono di condizionare il nostro corpo a credere di essere nel presente.

Secondo il modello quantistico, tutte le *possibilità* esistono simultaneamente e ciò ci consente di scegliere una nuova prospettiva e di osservarla come realtà. Sappiamo che l'universo, ovvero la nostra realtà, è composto da atomi che, per il 99 per cento, sono fatti di pura energia/informazione che si esprime in *possibilità*. Questo vuol dire che là fuori esistono innumerevoli potenzialità che evidentemente ci stanno sfuggendo.

Tuttavia, ciò significa anche che noi creiamo in modo *predefinito*. Se, in qualità di osservatori quantistici, guardiamo la nostra vita ogni giorno con lo stesso atteggiamento, secondo il modello che stiamo analizzando, induciamo le infinite possibilità a collassare sempre e comunque negli stessi schemi di informazioni. Quegli schemi, che rappresentano la nostra "vita", non cambiano mai, perciò non ci permettono di determinare alcun cambiamento.

I metodi e le tecniche sopra descritti ci consentono di focalizzarci di più sugli aspetti che desideriamo e di meno su quelli che non desideriamo, facendo materializzare nel nostro futuro esistenziale tutto ciò che vogliamo e, contemporaneamente, facendo "svanire" tutto quello che non vogliamo, ossia *smettendo di prestargli attenzione*.

Il punto verso il quale rivolgiamo l'attenzione è proprio quello su cui dirigiamo la nostra energia. Quando fissiamo l'attenzione, la consapevolezza o la mente sulle *nuove* possibilità, vi focalizziamo anche la nostra energia. Diventa tangibile, pertanto, che poiché noi emettiamo informazioni sotto forma di energia elettromagnetica in base al nostro modo di essere, quando questa energia è indotta a cambiare per modificare una convinzione o anche una percezione, di fatto gli atomi, e quindi le molecole del nostro corpo, vengono stimolati ad aumentare la loro frequenza amplificandone il campo energetico.

È perfettamente comprensibile che accogliere uno stato emotivo più elevato e creativo, assimilabile a uno stato ispirato, consapevole del nostro potere, come la bellezza, la gratitudine o la sensazione di essere capaci, induce gli atomi a roteare più rapidamente – come le ruote di un'auto che girano così velocemente da rendere i cerchioni invisibili – e a emanare un'energia più forte intorno al nostro corpo, che va a influenzare la materia fisica.

Va da sé che le particelle che compongono il nostro corpo, rispondendo adesso a una maggiore energia, manifestano più energia che materia, cosa che – come nell'esempio della ruota e dell'invisibilità del cerchione – nel linguaggio quantistico significa che diveniamo più onda che particella. Usando la nostra consapevolezza, possiamo creare più energia, in modo che la materia sia in grado di elevarsi a una nuova frequenza più alta e il nostro corpo possa rispondere a una nuova mente.

Conclusione

*La vera arte è dove nessuno se lo aspetta,
dove nessuno ci pensa né pronuncia il suo nome.
L'arte è soprattutto visione e la visione,
molte volte, non ha nulla in comune
con l'intelligenza né con la logica delle idee.*
Jean Dubuffet

In conclusione, se vogliamo ottenere risultati appaganti in qualsiasi tipo di esperienza, i primi requisiti che dobbiamo ricercare sono quelli che si riferiscono alla presenza, alla vigilanza e all'attenzione, cioè all'essere in quel luogo e in quel momento pienamente, con la totalità di noi stessi. Da questa considerazione deriva l'esigenza di sviluppare la capacità di concentrazione, ossia di orientare il pensiero in una sola direzione, senza permettere alcuna distrazione all'automatismo e all'inerzia della mente.

I saggi orientali affermano che la mente dell'uomo comune somiglia a una scimmia impazzita che salta da un ramo a un altro; affinché il pensiero diventi armonico, potente e capace di creare è necessario che essa diventi tranquilla come un lago in cui possano specchiarsi i monti. Questo tipo di attenzione, necessario per ogni opera utile e creativa, può essere sviluppato con l'esercizio costante (la disciplina) fino a diventare un'abitudine ovvia e necessaria.

Si potrà sperimentare, così, la sensazione di dominare i propri pensieri, invece di esserne dominati, e di indirizzare secondo la propria volontà capacità ed energie tali da poter raggiungere obiettivi prima ritenuti troppo distanti o troppo ambiziosi. L'artista, lo scrittore, il creativo attingono all'osservazione della realtà elementi di verità e di bellezza che sfuggono a molti; l'interesse e la cura dei particolari che mettiamo nei nostri rapporti con gli altri arricchisce la nostra esperienza.

Ci si assume una più estesa e sentita responsabilità dei propri pensieri, poiché si comprende più chiaramente che da essi originano le azioni. L'essere responsabili non viene ora tanto sentito nell'accezione comune e profana di "portare un peso" ma è inteso sempre più spesso nell'originario senso etimologico di "essere abili alla risposta" nei confronti di noi stessi e del gruppo umano di cui ci sentiamo parte e di cui vogliamo fare parte.

Con la nostra immaginazione – che non è vano fantasticare, ma è la capacità di vedere nella mente il futuro da realizzare – faremo "le prove" con la mente di ciò che vogliamo ottenere, sentendoci più preparati per il momento in cui le nostre visioni si attueranno. Si consolida una visione più fiduciosa dell'avvenire, che appare invitante perché ricco di promesse realizzabili e di obiettivi raggiungibili attraverso la padronanza dei propri sempre più idonei strumenti mentali.

Ma, soprattutto, ne nasce un'espansione di coscienza che rende tutto più significativo e degno di essere attraversato, poiché si rivelano lo spessore interno e il messaggio di ogni vicenda; il loro nuovo significato e il loro più alto valore possono ora entrare a far parte – e a buon diritto, poiché assimilati e interiorizzati – del "sedimento" della nostra esperienza di vita.

Così, attraverso la costante pratica dell'attenzione, dell'osservazione, della vigilanza, della concentrazione, della meditazione e, soprattutto, dell'immaginazione creativa, potremo giungere all'intuizione; coglieremo prontamente con l'intelletto, senza bisogno di ragionamenti e prove, vedremo, sapremo e agiremo con immediatezza e contemporaneità, poiché il nostro percorso apparirà inequivocabilmente chiaro davanti a noi. Saper pensare (vedere la bellezza in ogni cosa) e saper amare (sentirsi tutt'uno con ogni cosa) sono le arti umane per eccellenza, da apprendere a beneficio di noi stessi e degli altri.

Conoscere il significato dei termini che usiamo frequentemente ci consente di essere più in sintonia con la mente e con il cuore; l'etimologia contiene "l'essenza" delle parole, il loro senso originario, e perciò più vero e profondo. La bellezza, nel suo significato, è misura, proporzione, armonia. Nella realizzazione, la bellezza è conoscenza, espansione, andare oltre i limiti.

La nostra attenzione è presa costantemente da tutte le immagini che ci circondano e che riteniamo siano il nostro mondo reale. Crediamo che tutto questo esista veramente così come lo percepiamo in quel momento. *Siamo letteralmente affogati all'interno di una profonda allucinazione fatta di pensieri, immagini e suoni che non hanno alcuna consistenza reale, se non come riflesso di ciò che siamo internamente in quel determinato momento.*

Il nostro stato mentale, i nostri pensieri, le connessioni neurali, le associazioni d'idee e così via hanno un'influenza pressoché fondamentale su ciò che sperimentiamo. Uno dei concetti basilari è il seguente: vivere con l'attenzione rivolta costantemente verso *l'esterno* ci trattiene di fatto in un passato consolidato, in quell'onda che la fisica quantistica definisce già collassata, dove nulla può cambiare rispetto a ciò che è stato.

Rivolgere la propria attenzione *all'interno di sé*, impegnandosi a vivere mentalmente, visualizzando il luogo, il ruolo e lo svolgimento della storia che effettivamente vorremmo vivere, ci permette di attingere al mondo delle infinite possibilità, dove l'onda non è ancora collassata e dove pertanto tutto è ancora possibile e ci si può davvero permettere di *fare delle scelte*.

Un pensiero cristallizzato non ci offre alcuna alternativa, se non quella di uno svolgimento già noto. Un pensiero nuovo, visualizzato come in un film dove noi siamo il protagonista, il regista e lo sceneggiatore, intriso di emozione, ci proietta nel *regno delle infinite possibilità*. Esattamente quel regno che qualcuno denominò *regno dei cieli*, in cui siamo gli unici sovrani capaci di attingere da un serbatoio senza limiti, dove la bellezza è la luce che permette al tutto di risplendere.

Modificare le nostre abitudini mentali, spostandoci con disinvoltura nel campo dell'immaginazione e osservandoci nel mondo in cui vorremmo vivere, è entusiasmante; è una commozione intensa dell'anima, che ci procura vive manifestazioni di gioia, eccitazione, desiderio. È un sentimento di appassionato interesse nei confronti di ciò che vorremmo che accadesse realmente.

Riservarci dei momenti durante la giornata in cui possiamo dedicarci a immaginare di essere già nel desiderio realizzato, vivendone le sensazioni con emozione, è potenziante. Vivere nell'immaginazione dei propri sogni come se si fossero già avverati non vuol dire fuggire dalla realtà, ma spostarsi consapevolmente *nell'unico posto in cui è possibile costruire quella realtà.*

Il motivo è semplice: quello che vogliamo lo abbiamo già. Riconoscere come fatto vero e reale che siamo già quello che desideriamo essere, senza distrazioni e senza interferenze da parte di elementi esterni, non consentirà a nessuna forza o potere al mondo di impedire il manifestarsi del nostro desiderio.

Inventiamo e immaginiamo un mondo fatto di bellezza, di soddisfazione e di prosperità non soltanto per noi, per tutti. E manifestiamo questo auspicio tutte le volte che possiamo. Vediamoci già come la persona che vorremmo essere, con la certezza che quella situazione già esiste. Allontaniamoci dal vivere costantemente nelle preoccupazioni e nei limiti. Questa è l'unica regola che dovremmo fare nostra.

Il segreto, in definitiva, è togliere importanza al mondo che consideriamo già manifesto, per dedicarci alla costruzione di quello che noi vorremmo.
Concludo accennando ai benefici di un percorso arte-terapeutico...

Quando fruiamo di un'opera d'arte o immaginiamo un vissuto trasformato dal nostro desiderio e osserviamo, o interagiamo con tutto quello, che dentro di noi definiamo bellezza, non conosciamo esattamente la tempesta di emozioni che si susseguono. Cosa succede veramente e quali siano le trasformazioni prodotte in noi, non siamo in grado di definirle, nella contemporaneità del vissuto.

I meccanismi cerebrali attivati dalla percezione visiva di un'immagine amata, una persona cara, stimolano la corteccia orbito-frontale, che reagisce alla bellezza, ma stimola anche i neuroni dopaminergici, che supportano l'aspettativa di una gratificazione, che da essa ne dovrebbe derivare.

L'arte e la creatività, pertanto ci permette di esplorare e saggiare nella fantasia un gran numero di esperienze ed emozioni diverse.

Questa ha, in ognuno di noi, significati molteplici e poliedrici in quanto ci dona alcune delle più profonde e commoventi esperienze accessibili a un essere umano.

Pare che nel paesaggio romantico si possa riconoscere qualcosa, che ci riscalda il cuore, che risvegli ricordi sopiti di luoghi familiari. Saremmo pertanto portati a condividere il pensiero di Aristotele, per il quale conoscere è solo il gratificante riconoscere di uno stato precedente. Le atmosfere naturali dell'arte figurativa ci commuovono, in quanto permettono di riconoscere nel mondo rappresentato sulla tela, qualcosa di già visto ed emotivamente vissuto .

L'arte ci riconduce ai temi centrali della vita, ed ognuno vede in un manufatto artistico qualcosa di diverso, in quanto percepisce l'opera d'arte e in generale qualunque immagine, in funzione delle particolari esperienze personali del momento.

Solo il primo approccio all'opera è totalmente individuale; l'arte rispecchia le più importanti esperienze, senza trascurarne l'aspetto introspettivo. Spesso l'opera d'arte pur osservata con vissuti diversi, con repertori culturali ed esperienziali tutti propri, finisce col fare emergere emozioni condivise e condivisibili.

Immergendosi per un certo tempo nella contemplazione di un'opera, si potrà percepire l'emergere del coinvolgimento psichico, a cui non si era pensato, ma soprattutto non si riteneva possibile.
Prendiamo un'opera qualunque; ad un primo sguardo c'è chi la vedrà "triste", chi "serena" e chi addirittura "gioiosa".

E' spontaneo chiedersi come questo sia possibile e come la stessa immagine possa suscitare sentimenti opposti?

Il segreto è nel dipinto che probabilmente, anzi forse certamente, contiene tutti i possibili stati d'animo, che emergono come conseguenza delle esperienze ed emozioni dei diversi osservatori. Lo guardiamo con gli stessi occhi con cui abbiamo imparato a percepire il mondo, tuttavia anche in questo caso le reazioni si differenziano, nel rispetto dell'Io personale.

Quando la mente reprime, tende a cancellare, anche se finisce con percepire, quello che potremo definire il non conosciuto. Pertanto affiorano esperienze che solitamente ci sarebbero estranee, ma affiorano con effetto terapeutico: quello che ci mancava, inaspettatamente lo troviamo nell'opera d'arte, con la bramosia del sapere ed il desiderio di andare oltre.

In quello sguardo c'è la riposta alla gamma delle possibili esperienze emotive.

Il diagramma della psiche agisce sempre mettendo in dialogo l'interno con l'esterno. L'esperienza estetica è sempre uno scambio, un processo reciproco fra l'opera e lo spettatore. Non ci limitiamo a leggere ciò che vi si nasconde, perchè inconsciamente impariamo a conoscere meglio noi stessi. L'arte infatti mette in movimento il mondo interiore, sommuove sia le emozioni positive sommerse, sia quelle angosciose e inquietanti, che sono leggibili se le portiamo alla superficie e alla conoscenza della coscienza, traducendone in parole l'esperienza estetica.

Tra funzionamento psichico e creazione artistica, secondo lo psicologo Wilhelm Salber, ideatore della "psicologia morfologica" c'è una analogia funzionale. La rispondenza fra le due fa sì che le creazioni artistiche siano strumenti ideali per rendere visibili le strutture della psiche.

L'arte è un diagramma dell'anima umana. Essa inventa i codici con cui si esprime la psicologia del profondo. La storia di Edipo viene molto prima di Freud. La psicologia del profondo è antica quanto l'arte stessa.

Nella possibilità di usare l'arte per fare i conti con i conflitti ed i problemi del subconscio serve in particolare quel tipo di arte-terapia che va sotto il nome di arte-terapia ricettiva. Il suo obiettivo è mettere in moto nuove modalità di comportamento attraverso il contatto e l'interloquire con talune creazioni artistiche. Non si tratta di rendere più leggero lo stato emotivo mediante esperienze estetiche gratificanti, spesso infatti si usano anche immagini che non rispondono affatto ai canoni classici della bellezza, ma in esse è ricercata la capacità di coinvolgerci, in quanto utili a suscitare dal punto di vista visivo uno shock.

Tale processo può essere innescato dall'uso di colori forti, accecanti, fluorescenti, fortemente saturati che disturbano con violenza la psiche dello spettatore o dall'impiego di cromie dirompenti e deformazioni anatomiche, in grado di provocare un disturbo percettivo ai danni della normale visione.

Il risultato che ne deriva, provoca in chi guarda destabilizzazione e disorientamento (un esempio è rappresentato da certe teste stravolte di Francis Bacon).

In questi casi l'immagine è uno stimolo, che fa affiorare i problemi a livello cosciente, dando la possibilità di superarli, l'opera d'arte diventa uno stimolante "oggetto", che si pone in relazione col sé, favorendone le possibilità di analisi.

L'arte-terapia, dunque permette di attingere alle proprie risorse e capacità di recupero, che sono rimaste sopite: nell'arte-terapia ricettiva si utilizza l'effetto positivo delle immagini, portando alla conoscenza il come, il perché, l'effetto che ha su sé stessi l'immagine e a cosa viene associato. Nella nostra coscienza, quell'immagine può riattivare esperienze gratificanti, ma dimenticate; può essere assimilata ad una vera e propria terapia. Guardare il mare, dipinto su una tela, dà sensazioni di libertà, ampiezza, leggerezza, serenità, perché ci riporta alla mente i luoghi dove si trascorrevano le vacanze da bambini. Questa esperienza può essere molto rilassante, paragonabile "all' immergersi" in un gioco. Camminando e guardandosi intorno, pian piano calano le tensioni e le preoccupazioni e ci si sente protetti dalla natura, come se ne fossimo parte integrante.

Per coloro che sentono di vivere un momento di crisi la risonanza emotiva di un'opera d'arte o il meccanismo creativo che potremmo attuare, possono far riscoprire risorse e insospettate capacità di ripresa. Oltre a questo stimolo e al recupero delle proprie risorse latenti, un effetto salutare lo ha la strada stessa attraverso la quale, tale processo si innesca: la struttura formale dell'operazione creativa o immaginare di disporre con un particolare ordine compositivo, agisce positivamente sul nostro disordine interiore.

Come nella contemplazione di un mandala, la struttura organizzata esercita un effetto organizzante.

Se ne può concludere che l'opera d'arte, e tutto ciò che ci coinvolge in un'organizzazione creativa, è un mezzo che facilita in primo luogo la presa di coscienza e successivamente la soluzione di problemi personali.

Possiamo allora dire che le crisi favoriscono la creatività?

Le crisi esistenziali non solo sensibilizzano alla bellezza, ma inducono a dispiegare il potenziale creativo. È proprio nei periodi critici che si diventa artisti, poeti o narratori. Su questo si basa soprattutto l'altro approccio all'arte-terapia, quello creativo anziché ricettivo.

La creatività artistica è sempre una forma di espressione emotiva, che permette un acting-out controllato, del disagio psichico. Quello è il punto in cui il problema è oggettivato e sta davanti a noi trasformato in opera d'arte. Il prodotto che nasce, non deve essere formalmente riuscito, poiché è una immagine speculare della nostra psiche, con particolari tutti propri.

In un passo successivo le modalità di confronto con le crisi che ci coinvolgono, possono essere trattate per suscitare cambiamenti, ma già l'atto creativo di per sé è vissuto positivamente: è un'esperienza di chiarimento interiore, di allentamento delle tensioni, una sorta di catarsi, simile al riso o al pianto. Con lo sfogo creativo si riduce la pressione interna, il disordine si placa, subentra uno stato di appagamento interiore.

Il dispiegarsi del potenziale creativo, non solo, aiuta il superamento delle crisi esistenziali, ma spesso è la stessa crisi a liberare la creatività. Questo modello concettuale di reciprocità emerge dall'arteterapia, ma lo ritroviamo anche in un ambito totalmente diverso: la storia delle civiltà. Anche nella storia, lo stravolgimento del vecchio equilibrio non deve sempre essere annoverato tra gli eventi catastrofici, perché ogni fruttuosa innovazione, ogni ricostruzione benefica deve passare attraverso il percorso tortuoso di un crollo, di una disgregazione delle parti, che presuppone la deformazione del precedente equilibrio di forze.

Che il disaggio e la depressione siano strettamente legati al mistero del divenire, è un'idea da considerare valida, non solo per la storia delle civiltà, ma anche sul piano strettamente individuale. L'organismo a disagio è più inquieto e quindi più curioso, più sensibile e quindi più capace di apprendere; non avendo garanzie di sorta, è più vigile, perspicace ed intuitivo. Vivendo in costante prossimità del pericolo, è più audace e intraprendente; più vicino alla soglia dell'aldilà, è più incorporeo, trascendente, spirituale.

L'arte è un mezzo, un meccanismo eccezionale capace di aiutarci a ristrutturare il dolore, a canalizzare la sofferenza e molto altro. Sono decine gli esempi di illustri personaggi nella storia dell'arte, della letteratura e della filosofia, che in preda a sofferenze, malattie, crisi esistenziali, sono riusciti a mettere in moto qualcosa di produttivo, una nuova insospettata pienezza di idee e di forme espressive. Figure come quelle di Toulouse-Lautrec, Franz Schubert, Vincent Van Gogh o Jackson Pollock non sarebbero concepibili senza il dolore, le loro opere altrimenti non potrebbero essere così intense e drammatiche. Edvard Munch sosteneva che l'arte nasce dalla sofferenza. Aristotele, inoltre, sottolineava l'effetto catartico sugli spettatori delle tragedie, durante le quali, si metteva in scena in maniera grandiosa il dolore inferto anche agli eroi dai colpi del destino cieco e indifferente alla forza, alla saggezza dell'individuo, stigma della ineludibile contingenza dell'esistenza.

Il dolore rende più sensibili alla bellezza, e nello stesso tempo la fa nascere. Gli esseri umani si curano con l'arte e la bellezza, perché il dolore vi trova espressione ed essi stessi vi trovano una grande forza di resistenza: la bellezza è una risorsa di compensazione e recupero.

La ricezione passiva della bellezza non è differente dall'azione attiva, entrambe le esperienze sanano. La differenza fra esperienza attiva o passiva dell'arte è più apparente che reale, perché anche nella pura e semplice osservazione c'è una grande componente creativa. Infatti anche solo guardare l'arte, comporta un attivo confronto, mette in moto processi interni di ricerca e richiede un impegno costruttivo. In questo senso già l'attenta osservazione di un'opera d'arte costituisce un atto creativo. Ancor di più l'osservazione di un evento ritenuto spiacevole e ricostituito alla luce della bellezza.

Per chi è in crisi la precarietà e il divenire sono temi centrali, che si ritrovano anche e soprattutto nella contemplazione della natura e dell'arte. Nello stato d'animo delicato, prodotto da una crisi esistenziale, avvertiamo il senso dell'addio, della separazione, o della precarietà di tutto quello che ci è più caro. Ciò spiega perché in quei momenti si risvegli la sensibilità per la bellezza, sempre accompagnata da una certa nostalgia, Albrecht Dürer direbbe "melanconia", si vorrebbe trattenere tutto quanto di bello si scopre ma si sa fin troppo bene che è effimero e destinato prima o poi a svanire. La crisi non si attenua con la scoperta della bellezza o con il sorgere di una più profonda sensibilità. Ma nasce una sorta di polo opposto, una controforza, una compresenza di contrari, che conferisce al dolore un senso positivo, più alto.

Le crisi ci fanno fare passi indietro, per osservare le cose da prospettive diverse. In fondo è sempre lo sguardo mutato, quello che scorge infine qualcosa che non aveva mai visto prima. Il dolore porta conoscenza, profondità di sentimento, non alimenta solo le emozioni negative, ma le emozioni in generale e accresce la nostra capacità di risonanza. È per questo che proprio nella crisi, malgrado tutta la nostra impotenza, possiamo accedere a nuovi inattesi godimenti e soluzioni.

Ringraziamenti

Ringrazio tutti coloro che consapevolmente o meno, hanno avuto un ruolo fondamentale nel percorso che sin qui mi si è manifestato.

Grazie per la loro complicità implicita nel trasmettermi senso e valori.

Sono molto riconoscente anche a tutti quelli i cui passi si sono temporaneamente incrociati con i miei. A loro devo quello che sono adesso e che mi hanno permesso di crescere.

Chi volesse approfondire la conoscenza del mio operato e degli eventi che organizzo, possono contattarmi all'indirizzo email:

vizziniarte@gmail.com

http://www.andreavizzini.eu

https://it.wikipedia.org/wiki/Andrea_Vizzini

http://www.archiviovizzini.eu

https://www.facebook.com/andrea.vizzini.50

www.ingramcontent.com/pod-product-compliance
Lightning Source LLC
Chambersburg PA
CBHW071215240526
45470CB00018B/1872